Zeitreihen-Analyse

Ernst P. Billeter und Vladimir Vlach

Zeitreihen-Analyse

Einführung in die praktische Anwendung

Springer-Verlag Berlin Heidelberg GmbH
1981

CIP-Kurztitelaufnahme der Deutschen Bibliothek

Billeter, Ernst P.:
Zeitreihen-Analyse : Einf. in d. prakt. Anwendung /
Ernst P. Billeter u. Vladimir Vlach. – Würzburg ;
Wien : Physica-Verlag, 1981.
ISBN 978-3-7908-0257-3
NE: Vlach, Vladimir:

ISBN 978-3-7908-0257-3 ISBN 978-3-662-41476-7 (eBook)
DOI 10.1007/978-3-662-41476-7

Ursprünglich erschienen bei Physica-Verlag, Rudolf Liebing GmbH + Co., Würzburg 1981

Composersatz und Offsetdruck „Journalfranz" Arnulf Liebing GmbH + Co., Würzburg

Inhaltsverzeichnis

Einleitung

Die Zeitreihen-Analyse ist ein wichtiges Anwendungsgebiet der statistischen Methodenlehre. Sie kann sich auf verschiedene Untersuchungsobjekte beziehen, wie beispielsweise die Astronomie, die Meteorologie, die Wirtschaftswissenschaften usw. Schon sehr früh wurden astronomische und meteorologische Beobachtungen in zeitlicher Folge statistisch untersucht, da hier vor allem Beobachtungen über große Zeiträume verfügbar und fast keine Störeinflüsse festzustellen sind. Auf dem Gebiete der Wirtschaftswissenschaften, das nachfolgend hauptsächlich betrachtet werden soll, bildet die statistische Zeitreihen-Analyse die Grundlage und die Voraussetzung besonderer Wissenszweige, wie Ökonometrie und statistische Voraussagen oder Prognosen. Die Ökonometrie wird allgemein als die Anwendung statistischer und mathematischer Methoden bei wirtschaftlichen Problemen umschrieben, wobei hier ausschließlich wirtschaftliche Zeitreihen untersucht werden.

Ganz allgemein kann eine Zeitreihe als eine Folge von Beobachtungsergebnissen definiert werden, die zeitlich geordnet sind. Die statistische Zeitreihen-Analyse befaßt sich mit Beobachtungswerten, die nach bestimmten Merkmalen erhoben worden sind, wobei eines dieser Merkmale stets die Zeit ist.

Die statistische Zeitreihen-Analyse kann drei verschiedene Ziele verfolgen:

- Sie kann die Struktur bestimmter Zeitreihen aufzudecken versuchen,
- sie kann die gegebene Entwicklung solcher Zeitreihen untersuchen, um daraus Regelmäßigkeiten abzuleiten,
- sie kann die voraussichtliche zukünftige Entwicklung von Zeitreihen herauszuarbeiten versuchen.

Das zuletzt genannte Ziel setzt allerdings voraus, daß die erste Zielsetzung, d.h. die Bestimmung der Struktur der Zeitreihe, erfüllt wurde. Die an zweiter Stelle genannte Zielsetzung kann als Einreihen- oder als Mehrreihenproblem betrachtet werden. Beim Einreihenproblem geht es darum, für eine vergangene Zeitperiode ein Modell der praktischen Zeitreihe abzuleiten, indem man die vergangene Entwicklung dieser Zeitreihe beispielsweise durch mathematische Ausdrücke (z.B. Funktionen) zu erklären versucht. Das Mehrreihenproblem ist dadurch gekennzeichnet, daß man eine Zeitreihe durch andere Zeitreihen, von welchen man annimmt, sie beeinflussen die Entwicklung der zu untersuchenden Zeitreihe, zu deuten versucht. Dies führt zu Modellen, die vor allem in der Ökonometrie bedeutsam sind. So kann man beispielsweise die zeitliche Entwicklung des Volkseinkommens mit Zeitreihen über den Konsum und die Investitionen in Beziehung bringen.

Die statistische Zeitreihen-Analyse setzt einerseits voraus, daß die Anzahl der in ihrer zeitlichen Folge beobachteten Merkmalswerte groß ist, andrerseits aber auch, daß diese Merkmalswerte homogen d.h. miteinander vergleichbar sind. Diese Bedingungen sind zwar beispielsweise nur bei astronomischen und meteorologischen Zeitreihen weitgehend erfüllt; wichtige Analyse-Methoden sind denn auch auf diesem Gebiete entwickelt worden. Wirtschaftliche Zeitreihen entsprechen diesen Bedingungen hingegen nicht oder nur angenähert. Bestimmte Methoden der Zeitreihen-Analyse können deshalb nur mit Vorsicht auf wirtschaftliche Zeitreihen angewendet werden.

1. Begriff der Zeitreihe

1.1 Allgemeiner Begriff

Wie schon erwähnt, wird die nach dem Merkmal Zeit geordnete Folge von Beobachtungs- oder Merkmalswerten als Zeitreihe bezeichnet. So ist die Folge

$$y_1, y_2, y_3 \ldots y_i \ldots y_t$$

eine Zeitreihe, welche die nach der Zeit t geordneten Merkmalswerte y_i umfaßt. Obwohl grundsätzlich eine Zeitreihe theoretisch keinen Anfang und kein Ende aufweist, d.h. also aus unendlich vielen Merkmalswerten gebildet ist, muß doch aus praktischen Gründen eine zeitliche Begrenzung der Beobachtungsperiode eingeführt werden. Praktische Zeitreihen können deshalb stets als endliche Ausschnitte aus einer Zeitreihe mit unendlich vielen Beobachtungswerten betrachtet werden. Diese Annahme ist für bestimmte statistische Analyse-Verfahren bedeutsam.

Die Zeitabschnitte zwischen den einzelnen Beobachtungswerten müssen grundsätzlich nicht alle gleich sein. Um die statistische Verarbeitung der Zeitreihe nicht zu erschweren, werden aber in der Regel gleiche Zeitabstände zwischen den einzelnen Merkmalswerten eingeführt. In diesem Falle muß man die Merkmalswerte entsprechend transformieren. So ergeben sich Zeitreihen mit gleichen Zeitabständen wie beispielsweise Zeitreihen, deren Beobachtungswerte täglich, wöchentlich, monatlich, vierteljährlich, jährlich oder mehrjährlich ausgewiesen sind.

1.2 Zeitreihen als stochastischer Prozeß

Die statistische Zeitreihen-Analyse geht davon aus, daß die beobachtete Zeitreihe einen stochastischen Prozeß darstellt. Unter einem stochastischen Prozeß versteht man eine zeitlich oder räumlich geordnete Folge von Merkmalswerten, die zufallsbeeinflußt ist. Ein stochastischer Prozeß stellt also eine Menge von Zufallsgrößen Y_t dar, die von einem variablen Parameter t abhängen. Jedes Y_t ist durch eine Wahrscheinlichkeitsverteilung gekennzeichnet, die sich mit t verändern kann. Das kann folgendermaßen dargestellt werden:

Zeit	Zufallsvariable	Mögliche Werte der Zufallsvariablen Y_t
1	Y_1	$y'_1, y''_1, \ldots$
2	Y_2	$y'_2, y''_2, \ldots$
3	Y_3	$y'_3, y''_3, \ldots$
.	.	
.	.	...
.	.	
t	Y_t	$y'_t, y''_t, \ldots$
$t+1$	Y_{t+1}	$y'_{t+1}, y''_{t+1}, \ldots$

Die empirische Zeitreihe stellt für jeden Wert von t je eine Realisation der möglichen Werte y'_t, y''_t, usw. dar. Graphisch kann dies in der folgenden Weise veranschaulicht werden.

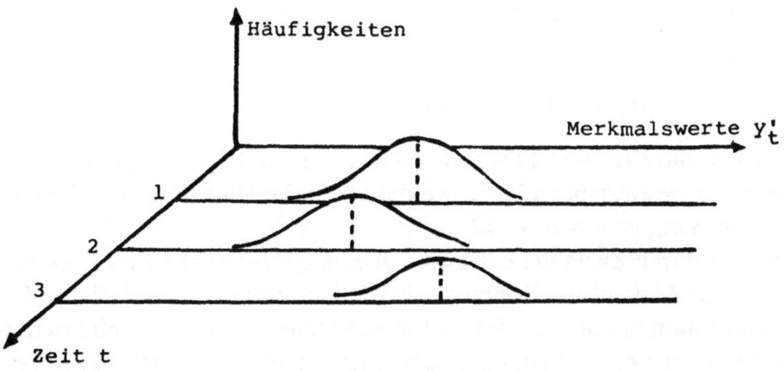

Die Theorie der stochastischen Prozesse kann als eine Erweiterung der elementaren Wahrscheinlichkeitstheorie aufgefaßt werden. In der elementaren Wahrscheinlichkeitstheorie wird eine Zufallsvariable durch die Beziehung

$$X = \{X(t, \omega);\ t \in T,\ \omega \in \Omega\}$$

wo Ω die Menge (oder der Raum) aller Versuchs- oder Stichprobenergebnisse, ω ein bestimmtes Versuchsergebnis, T die Menge aller reellen Zahlen, t einen bestimmten Zeitpunkt darstellen. Ist t konstant, kann dieses Symbol weggelassen werden, was bei Zufallsvariablen in der Regel zutrifft. Bei Zufallsvariablen stellt dann $X(\omega)$ eine dem Versuchsergebnis zugeordnete Zahl dar; bei einem stochastischen Prozeß (Zufallsprozeß) hingegen bedeutet $X(t, \omega)$ eine Zahlenfunktion. Stochastische Prozesse erstrecken sich immer über die Zeit, weshalb hier das Symbol t wichtig ist. Sind ω und t fest gegeben, so ist $X(t, \omega)$ eine Konstante; ist aber nur ω nicht fest gegeben (variabel), entspricht $X(t, \omega)$ einer Zufallsvariablen; sind weiter t und ω variabel, dann entspricht $X(t, \omega)$ einem stochastischen Prozeß. Solche Prozesse können deshalb als dynamische Variante der statistischen Methodenlehre aufgefaßt werden. Bei Zeitreihen ist diese Folge zeitlich geordnet. Ein einfaches Beispiel eines stochastischen Prozesses ist durch folgendes Gedankenexperiment gegeben.

Ein Punkt befindet sich im Ursprung eines rechtwinkeligen Koordinatensystems, dessen X-Achse die Zeitachse darstellt. Der Punkt bewegt sich bei fortschreitender Zeit in Richtung der Y-Achse um eine Einheit nach oben oder nach unten. Die Richtung der Bewegung ist beispielsweise durch das Resultat beim Wurf mit einer Münze gegeben; ist das Wurfergebnis Kopf, so soll sich der Punkt nach oben (positive Richtung der Y-Achse) bewegen, ist aber das Wurfergebnis Zahl, so soll sich dieser Punkt nach unten (negative Richtung der Y-Achse) verschieben. Bei jedem Münzwurf wird auf der Abszissenachse (Zeitachse) um eine Einheit nach rechts gefahren. Die zeitabhängige Lage des Punktes im Koordinatensystem hängt also vom Zufall (Münzwurf) ab und kann deshalb als stochastischer Prozeß betrachtet werden. Dieses Gedankenexperiment wird als Zufallsweg (random walk) bezeichnet. In diesem Beispiel wurde angenommen, daß sich die Zeitvariable in ganzzahligen Einheiten verändert. Solche stochastischen Prozesse werden als diskontinuierliche Prozesse bezeichnet, während Prozesse, bei welchen die Zeitvariable in unendlich kleinen Intervallen fortschreitet, kontinuierliche Prozesse heißen.

Die Lage des Punktes im angeführten Beispiel und dessen Veränderungen werden als System bezeichnet. Das betrachtete System kann folglich durch die folgende Beziehung dargestellt werden:

$$y_i = y_{i-1} + z_i \quad (z_i = +1 \text{ oder } -1)$$

wo $P(z_i = 1) = p$ und $P(z_i = -1) = q$ ist, $(p + q = 1)$ und y_i die Lage des Punktes zur Zeit i darstellen. Im vorliegenden Falle, wo die Wahrscheinlichkeiten durch einen Münzwurf ermittelt werden, ist $p = q = 1/2$.

Das System ist durch Zustände bestimmt. Jede Lage des Punktes im Koordinatensystem stellt einen solchen Zustand des Systems dar. Die Gesamtheit aller möglichen Zustände wird als Zustandsraum bezeichnet. Eine Serie von Münzwürfen im angeführten Beispiel wird Realisation oder Verwirklichung genannt. Die derart ermittelten Lagen des Punktes im Koordinatensystem heißen deshalb Realisation des stochastischen Prozesses.

Für diese Überlegungen sei ein weiteres, praktisches Beispiel angegeben. Eine Firma untersucht die Anzahl der Telefonanrufe für jede Minute des Zeitintervalls von 8.00 Uhr bis 8.30 Uhr. Wiederholt man diese Untersuchung während eines längeren Zeitabschnittes (z.B. ein Monat, ein Quartal, ein Jahr), ist es möglich, für jede Minute des Zeitintervalls zwischen 8.00 Uhr und 8.30 Uhr eine Verteilung der Anrufe zu bilden. Diese zeitabhängige Verteilung der Telefonanrufe hängt vom Zufall ab und kann deshalb als ein stochastischer Prozeß betrachtet werden. Dabei kann angenommen werden, daß die Werte für einen bestimmten Zeitpunkt unabhängig von den Werten früherer Zeitpunkte sind.

Die meisten praktisch beobachteten stochastischen Prozesse können nicht durch das einfache Modell des Zufallsweges dargestellt werden. In solchen Fällen muß man zu etwas komplizierteren Modellen greifen, wie beispielsweise die Markovschen Prozesse. Bekanntlich sind Markovsche Prozesse durch die Zustände des Systems und durch die Übergangswahrscheinlichkeiten von einem Zustand des Systems in einen anderen bestimmt. Auch für dieses Modell soll ein einfaches Beispiel herangezogen werden.

Zur Herstellung eines Produktes wird eine Maschine benötigt. Damit dieses Produkt hergestellt werden kann, muß die Maschine einwandfrei arbeiten. Es ist aber möglich, daß sie wegen kleinerer Defekte unzuverlässig arbeitet, oder aber daß sie ganz ausfällt. Das System ist also durch drei Zustände bestimmt, nämlich:

- Maschine arbeitet einwandfrei: Zustand 1,
- Maschine arbeitet unzuverlässig: Zustand 2,
- Maschine fällt aus: Zustand 3.

Neben diesem Zustandsraum sind aber auch die Übergangswahrscheinlichkeiten von einem Zustand in einen anderen maßgeblich. So sollen Versuche gezeigt haben, daß die Wahrscheinlichkeit im Zustand 1 zu verharren $p_{11} = 1/2$, die Wahrscheinlichkeit im Zustand 2 zu verbleiben $p_{22} = 2/3$ und die Wahrscheinlichkeit im Zustand 3 zu bleiben, ohne daß die Maschine repariert worden wäre, $p_{33} = 1{,}0$ sind. Fällt die Maschine aus (Zustand 3), kann sie ohne fremde Hilfe (Reparatur) nicht mehr in die Zustände 1 und 2 (einwandfreies und unzuverlässiges Arbeiten) gelangen. Befindet sich die Maschine im Zustand 2 (unzuverlässiges Arbeiten), kann sie wohl in den Zustand 3 (Maschine defekt) übergehen, nicht aber ohne fremde Hilfe (Reparatur) in den Zustand 1 (einwandfreies Arbeiten) zurückkehren. Die Wahrscheinlichkeit des Übergangs vom Zustand 2 in den Zustand 3 soll $p_{23} = 1/3$ betragen. Befindet sich die Maschine im einwandfreien Zustand (Zustand 1), kann sie mit einer Wahrscheinlichkeit von $p_{12} = 1/3$ in den Zustand 2 (unzuverlässiges Arbeiten) fallen, und mit der Wahrscheinlichkeit $p_{13} = 1/6$ in den Zustand 3 (defekte Maschine) übergehen. Diese Angaben führen zur folgenden Übergangsmatrix:

$$P = \begin{vmatrix} p_{11} & p_{12} & p_{13} \\ p_{21} & p_{22} & p_{23} \\ p_{31} & p_{32} & p_{33} \end{vmatrix} = \begin{vmatrix} 1/2 & 1/3 & 1/6 \\ 0 & 2/3 & 1/3 \\ 0 & 0 & 1 \end{vmatrix}$$

Dieser stochastische Prozeß (Markovscher Prozeß) kann durch Simulation realisiert werden. Diese Realisationen können mit Hilfe eines Würfels herbeigeführt werden. Dabei sollen die folgenden Regeln aufgestellt werden:

- Maschine befindet sich im Zustand 1:
  - Wird eine ungerade Zahl geworfen, soll die Maschine im Zustand 1 verharren ($p_{11} = 1/2$),
  - wird eine 2 oder 4 geworfen, soll die Maschine vom Zustand 1 in den Zustand 2 übergehen ($p_{12} = 1/3$),
  - wird eine 6 geworfen, soll die Maschine vom Zustand 1 in den Zustand 3 wechseln ($P_{13} = 1/6$).
- Maschine befindet sich im Zustand 2:
  - Werden die Augenzahlen 1, 2, 3 oder 4 geworfen, verbleibt die Maschine im Zustand 2 ($p_{22} = 2/3$),
  - werden die Augenzahlen 5 oder 6 geworfen, geht die Maschine vom Zustand 2 in den Zustand 3 über ($p_{23} = 1/3$).

Um die Simulation durchzuführen, muß ein Anfangszustand angenommen werden. So soll der Versuch damit beginnen, daß die Maschine sich im Anfangszustand 1 befindet. Ein praktischer Versuch, der dreimal wiederholt wird, führt beispielsweise zu folgenden 3 Prozeß-Realisationen A, B, C:

Realisation A:

Wurf 1: Werfen einer ungeraden Zahl; Verharren im Zustand 1.
Wurf 2: Werfen einer 6; Übergang in Zustand 3.

Realisation B:

Wurf 1: Werfen einer ungeraden Zahl; Verharren im Zustand 1.
Wurf 2: Werfen einer ungeraden Zahl; Verharren im Zustand 1.
Wurf 3: Werfen einer 2 oder 4; Übergang in Zustand 2.
Wurf 4: Werfen einer 5 oder 6; Übergang in Zustand 3.

Realisation C:

Wurf 1: Werfen einer 2 oder 4; Übergang in Zustand 2.
Wurf 2: Werfen einer 1, 2, 3 oder 4; Verharren im Zustand 2.
Wurf 3: Werfen einer 5 oder 6; Übergang in Zustand 3.

Zustände

n / Realisationen	Anfangszustand 0	1	2	3	4	5	Zeit, Wurf
A	1	1	3	–	–	–	
B	1	1	1	2	3	–	
C	1	2	2	3	–	–	

Die Ermittlung eines bestimmten Zustandes im Zeitpunkt n hängt davon ab, in welchem Zustand sich das System im Zeitpunkt $(n-1)$ befunden hatte. Je nachdem ist die Interpretation des Wurfergebnisses mit dem Würfel eine andere. Es zeigt sich also, daß bei diesem Markovschen Prozeß der Zustand im Zeitpunkt n von jenem im Zeitpunkt $(n-1)$ abhängt.

Von einem Markovschen Prozeß spricht man, wenn der Parameterraum (Zeit) stetig ist. Ist aber dieser Parameterraum unstetig, so liegt eine Markovsche Kette vor. Gegeben sei eine Zufallsfolge einer Variable $Y_t (t \in T)$. Diese Folge wird Markovsche Kette genannt, wenn für alle Zeitpunkte t $(t = 1, 2, 3, \ldots)$ und alle möglichen Zustände der Variablen Y_t die folgende Beziehung gilt:

$$P(Y_{t+1} = j \mid Y_1 = a, Y_2 = b, \ldots, Y_t = i) = P(Y_{t+1} = j \mid Y_t = i)$$

wo $a, b, \ldots, i, j$ die einzelnen Zustände bezeichnen.

Dies besagt, daß die Wahrscheinlichkeit jedes zukünftigen Zustandes der Variablen unabhängig von den früheren Zuständen ist und nur vom gegenwärtigen Zustand abhängt. Die Wahrscheinlichkeiten $P(Y_{t+1} = j \mid Y_t = i)$ werden als Übergangswahrscheinlichkeiten vom Zustand i in den Zustand j, $q_{ij}(t)$ bezeichnet. Die Wahrscheinlichkeit $P(Y_{t+1} = j)$, d.h. die Wahrscheinlichkeit, daß die Variable Y_{t+1} den Zustand j einnimmt, kennzeichnen wir als $p_j(t+1)$. Zu einem beliebigen Zeitpunkt t kann sich das System mit der Wahrscheinlichkeit $p_i(t)$ $(i = 1, 2, \ldots, s)$ in irgend einem Zustand i befinden. Nun besteht für jeden Zustand i eine Übergangswahrscheinlichkeit $q_{ij}(t)$, daß das System vom Zustand i in den Zustand j übergeht. Da aber i die Werte $1, 2, 3, \ldots, s$ annehmen kann, besteht die Beziehung:

$$p_j(t+1) = \sum_{i=1}^{s} p_i(t)\, q_{ij}(t) \qquad j = 1, 2, 3, \ldots, s.$$

Das besagt folgendes:

$$\left\{\begin{array}{l}\text{Wahrscheinlichkeit,}\\ \text{daß die Variable}\\ \text{den Zustand } j \text{ ein-}\\ \text{nimmt}\end{array}\right\} = \left\{\begin{array}{l}\text{Wahrscheinlichkeit, daß die Variable sich im}\\ \text{Zustand } i \text{ befindet, multipliziert mit der}\\ \text{Übergangswahrscheinlichkeit}\\ \text{vom Zustand } i \text{ in den Zustand } j.\end{array}\right\}$$

Weil sich die Variable im Zustand i befindet, wobei i die Werte $1, 2, \ldots, s$ annehmen kann, muß man den Ausdruck auf der rechten Seite dieser Beziehung über alle möglichen Zustände $i (i = 1, 2, \ldots, s)$ summieren. Die obigen Beziehungen für $j = 1, 2, \ldots, s$ lauten:

$$p_1(t+1) = p_1(t)\,q_{11}(t) + p_2(t)\,q_{21}(t) + \cdots + p_s(t)\,q_{s1}(t)$$
$$p_2(t+1) = p_1(t)\,q_{12}(t) + p_2(t)\,q_{22}(t) + \cdots + p_s(t)\,q_{s2}(t)$$
$$\cdots\cdots\cdots\cdots$$
$$p_s(t+1) = p_1(t)\,q_{1s}(t) + p_2(t)\,q_{2s}(t) + \cdots + p_s(t)\,q_{ss}(t).$$

Diese Beziehungen können nun sehr einfach durch Vektoren und Matrizen dargestellt werden:

$$[p_1(t+1), p_2(t+1) \ldots p_s(t+1)] =$$
$$= [p_1(t), p_2(t) \ldots p_s(t)] \begin{bmatrix} q_{11}(t), q_{12}(t) \ldots q_{1s}(t) \\ q_{21}(t), q_{22}(t) \ldots q_{2s}(t) \\ \cdots\cdots \\ q_{s1}(t), q_{s2}(t) \ldots q_{ss}(t) \end{bmatrix}$$

oder

$$p^*(t+1) = p^*(t)\,Q(t)$$

wo $p^*(t)$ einen s-dimensionalen Zeilenvektor mit den Elementen $p_j(t)$ und $Q(t)$ eine $s \times s$ Matrix mit den Elementen $q_{ij}(t)$ sind. Sind alle $q_{ij}(t)$ unabhängig von t, so ergibt sich

$$p^*(t+1) = p^*(t)\,Q.$$

In diesem Falle spricht man von einer stationären oder homogenen Markovschen Kette.

1.3 Stationäre und nicht-stationäre Zeitreihen

Stationäre stochastische Prozesse können in zwei Gruppen aufgeteilt werden: Einerseits streng stationäre Prozesse und andererseits schwach stationäre Prozesse.

Gegeben ist ein Prozeß $F(Y_t; t)$ mit den nach der Zeit t ($t \in T$) geordneten Zufallsvariablen Y_t. Dieser Prozeß ist streng stationär, wenn die Wahrscheinlichkeitsverteilungen der Zufallsvariablen Y_t von Zeitverschiebungen unabhängig sind. Verschiebt man also die Zeitabszisse t um einen beliebigen Betrag h, den Lag, so beeinflußt dies die Wahrscheinlichkeitsverteilung der Zufallsvariablen Y_t nicht. Es gilt also die Beziehung:

$$F(Y; t) = F(Y; t+h)$$

oder ganz allgemein:

$$F(Y_1, Y_2, \ldots, Y_m; t_1, t_2, \ldots, t_m) = F(Y_1, Y_2, \ldots, Y_m; t_1 + h, t_2 + h, \ldots, \ldots, t_m + h)$$

d.h. alle Zufallsvariablen haben die gleiche Verteilung.

Ein Prozeß kann allgemein durch bestimmte Parameter gekennzeichnet werden. Diese sind beispielsweise

$$\mu(t) = E\{Y(t)\}, \quad \text{für } t \in T,$$

$$\mu_2(t) = E\{Y(t)\}^2, \quad \text{für } t \in T,$$

$$\mu_{11}(s, t) = E\{Y(s), Y(t)\}, \quad \text{für } s, t \in T \; (T \text{ ist der Zeitraum}).$$

Hier entspricht $\mu(t)$ dem arithmetischen Mittel und

$$\mu_2(t) = \sigma^2(t) + \{\mu(t)\}^2$$

wo $\sigma^2(t)$ die Streuung von $Y(t)$ ist, sowie

$$\mu_{11}(s, t) = \gamma(s, t) + \mu(s) \cdot \mu(t)$$

wo $\gamma(s, t)$ als Kovarianz bezeichnet wird. Aus der Kovarianz läßt sich die Korrelation (in diesem Falle die Autokorrelation) bestimmen:

$$\rho(s, t) = \frac{\gamma(s, t)}{\sigma(s)\;\sigma(t)}.$$

Ein schwach stationärer Prozeß ist gegeben, wenn (für alle $t \in T$) arithmetisches Mittel, Streuung und Autokovarianz von t unabhängig sind, d.h. wenn

$$E\{Y(t)\} = \mu, \; V\{Y(t)\} = \sigma^2, \gamma(t, t+h) = \mathrm{Cov}(Y_t, Y_{t+h}) = \gamma(h).$$

Jede streng stationäre Zeitreihe ist auch schwach stationär. Stochastische Prozesse, die diesen Bedingungen nicht genügen, werden als nicht-stationär bezeichnet. In der Praxis werden auch stochastische Prozesse, die ein über die Zeit konstantes arithmetisches Mittel aufweisen, stationär genannt. Es handelt sich um Prozesse, die mittelwerts-stationär sind.

Eine bestimmte Zeitreihe bestehend aus endlich vielen Merkmalswerten stellt eine Realisation eines solchen Prozesses $F(Y_t; t)$ dar. Bei einer solchen Zeitreihe entspricht jedem Zeitpunkt t ein bestimmter Merkmalswert (Variable) Y_t. Es stellt sich hier das Problem, aus dieser Realisation des stochastischen Prozesses (Zeitreihe) die Parameter

$$E\{Y(t)\} = \mu \text{ und } \mathrm{Cov}\{Y(t), Y(t+h)\} = \gamma(h)$$

zu bestimmen. Von den möglichen Variablenwerten Y_t wird je ein einziger Wert y_t beobachtet, wobei y_t als Stichprobenwert aus Y_t betrachtet werden kann. Die Folge der Werte $y_t (t \in T)$ stellt die empirisch gegebene Zeitreihe dar.

Aus der Zeitreihe lassen sich diese Parameter schätzen. So berechnet man

$$\bar{y}_n = \frac{1}{n} \sum_{t=1}^{n} y_t \quad \text{und} \quad C_n(h) = \frac{1}{n} \sum_{t=1}^{n-h} (y_t - \bar{y}_n)(y_{t+h} - \bar{y}_n)$$

Dabei gelten die Grenzwerte

$$\lim_{n \to \infty} \bar{y}_n = \mu \quad \text{und} \quad \lim_{n \to \infty} C_n(h) = \gamma(h).$$

Ein schwach stationärer Prozeß mit diesen Eigenschaften heißt mittelwert-ergodisch bzw. kovarianz-ergodisch.

Wirtschaftliche Zeitreihen, wie sie das praktische Wirtschaftsgeschehen liefert, entsprechen nicht ganz den theoretischen Erfordernissen. So ist nicht anzunehmen, daß sich beispielsweise der Wert des Indexes der Konsumentenpreise zufällig ergeben hat; das Modell des Zufallsweges ist hier also nicht anwendbar. Auch ist nicht anzunehmen, daß der Wert dieses Indexes für einen bestimmten Zeitpunkt unabhängig von den Werten dieses Indexes für frühere Zeitpunkte ist. Auch wird bei wirtschaftlichen Zeitreihen in der Regel eine bestimmte zeitliche Entwicklung (zeitlich zunehmende oder abnehmende Merkmalswerte) festzustellen sein. Die Zeitreihe wird also nicht stationär sein. Trotzdem muß versucht werden, wahrscheinlichkeitstheoretische Modelle für solche Zeitreihen zu bestimmen, um diese statistisch untersuchen zu können.

Die grundlegende Überlegung kann folgendermaßen umschrieben werden. Eine Folge von unabhängigen Zufallsvariablen $Z_i (i < \infty)$ mit dem arithmetischen Mittel Null und der Streuung σ^2 beeinflußt den stochastischen Prozeß Y_t. Dieser Einfluß ist unerwünscht aber nicht vermeidbar. Er wird als Störung oder weißes Rauschen bezeichnet. Eine wichtige Aufgabe der statistischen Zeitreihen-Analyse besteht darin, diesen Störeinfluß nach Möglichkeit auszuschalten, indem man ihn aus einer Folge von Variablen (Merkmalswerten) herausfiltriert. Dies kann dadurch geschehen, daß die gegebenen Variablen in andere transformiert werden, bei welchen dieser Störeinfluß ausgeschaltet oder doch wesentlich abgeschwächt ist. Diese transformierten Variablen sollen mit X_t bezeichnet werden. Dieser Vorgang kann durch folgendes Schema veranschaulicht werden:

$$\begin{array}{rl} & Y_t \\ \text{TR} & \Big\downarrow \\ & X_t \end{array}$$

wo TR die Transformation bedeutet. Diese Transformation stellt folglich einen Filter dar. Bei einem linearen Filter kann man die folgende mathematische Funktion für TR aufstellen:

$$X_t = a\, Y_t.$$

Der Transformationsoperator a soll zeitunabhängig sein. Besteht die Variable Y_t aus verschiedenen Bestandteilen, wie z.B. U_t und V_t, so soll die Beziehung

$$X_t = a\, Y_t = a\, U_t + a\, V_t$$

gelten.

Zur Darstellung der Variablen X_t soll die folgende lineare Funktion

$$X_t = \mu + \alpha_0\, Y_t + \alpha_1\, Y_{t-1} + \alpha_2\, Y_{t-2} + \ldots$$

definiert werden. Ist die Folge der Gewichte $\alpha_0, \alpha_1, \alpha_2, \ldots$ endlich oder unendlich und konvergent, so ist der Filter stabil und der daraus resultierende Prozeß stationär.

Nimmt man an, daß $\mu = 0$ ist, und daß die Folge $\alpha_0, \alpha_1, \ldots, \alpha_k$ endlich ist, so führt dieser Filter zur Transformation

$$X_t = \alpha_0 Y_t + \alpha_1 Y_{t-1} + \alpha_2 Y_{t-2} + \ldots + \alpha_k Y_{t-k}.$$

Dieser Prozeß wird als gleitendes Mittel bezeichnet.

Ist die Folge $\alpha_0, \alpha_1, \alpha_2, \ldots$ unendlich, $\mu = 0$ und sind die Gewichte durch die Beziehung

$$\alpha_t = \alpha(1-\alpha)^t \qquad (0 < \alpha < 1)$$

d.h.

$$\alpha_0 = \alpha(1-\alpha)^0 = \alpha$$
$$\alpha_1 = \alpha(1-\alpha)$$
$$\alpha_2 = \alpha(1-\alpha)^2 \quad \text{usw.}$$

bestimmt, so resultiert aus diesem Filter der Prozeß

$$X_t = \alpha \sum_{k=0}^{\infty} (1-\alpha)^k Y_{t-k}.$$

Dieser Prozeß wird als exponentielle Glättung bezeichnet.

Ist die Variable X_t durch k vorhergehende Variable bestimmt, ist also ($\mu = 0, \alpha_0 = 1$)

$$X_t = Y_t + \alpha_1 X_{t-1} + \alpha_2 X_{t-2} + \ldots + \alpha_k X_{t-k}$$

so bezeichnet man diesen Prozeß als ein autoregressives Modell. Diese drei Modelle sollen später eingehender behandelt werden.

1.4 Zeitreihen-Analyse und Systemtheorie

Als Einzelreihen können wirtschaftliche Zeitreihen nur Teilaspekte des Wirtschaftsgeschehens aufzeigen. Dieses stellt nämlich das Ergebnis einer Mehrzahl von Einflüssen dar, die sich in einem Wirtschaftssystem auswirken. Ein Wirtschaftssystem kann, wie die Bezeichnung schon andeutet, als ein dynamisches System nach der klassischen Definition der allgemeinen Systemtheorie aufgefaßt werden.

Danach besteht ein System grundsätzlich aus Elementen, die untereinander in Beziehung stehen. Besteht zwischen diesen Elementen des Systems und solchen die dem System nicht angehören, die also einem anderen System, der Umwelt, zuzuordnen sind, keine Beziehung, nennt man das System geschlossen; sind aber solche Beziehungen zur Umwelt vorhanden, spricht man von einem offenen System. Eine Volkswirtschaft wird in der Regel ein offenes System sein, während die Weltwirtschaft ein geschlossenes System ist.

Kennt man die Beschaffenheit des Systems nicht, spricht man von einer Black-Box oder Dunkelkammer. Die einzelnen Elemente, die ihrerseits wieder Systeme (Teil-Systeme) sein können, empfangen Informationen und geben solche ab, wodurch Beziehungen zwischen den Elementen entstehen. Dieser Informationsaustausch geschieht innerhalb des Systems; doch auch aus der Umwelt können Informationen an das System herangetragen werden (Eingabe), wie denn auch das System Informationen an die Umwelt abgeben kann (Ausgabe). Es ergibt sich somit das folgende Schema:

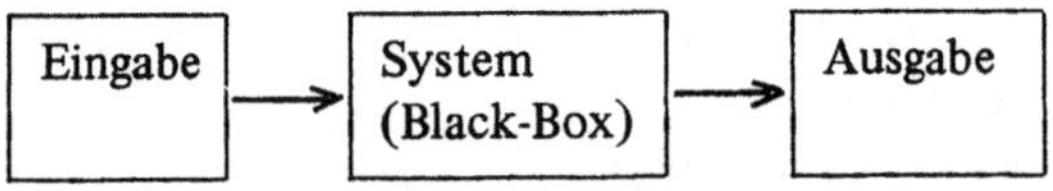

Durch das System werden Eingabegrößen (Informationen) zu bestimmten Ausgabegrößen (Informationen) transformiert. Darüber, wie diese Transformation geschieht, d.h. über den Mechanismus, der die Eingabegrößen in Ausgabegrößen umsetzt, können bei einer Black-Box nur Vermutungen bestehen, die als Hypothesen formuliert werden. Entsprechen die Ausgabegrößen (bei vorgegebenen Eingabegrößen) diesen Hypothesen, so kann man annehmen, den in der Black-Box wirksamen Mechanismus gefunden zu haben. Trifft dies nicht zu, müssen die Hypothesen so lange verändert (berichtigt) werden, bis sie durch das System bestätigt werden.

Das Wirtschaftssystem kann nun durch ein solches Modell dargestellt werden. Die Eingabe wird aus dem Verhalten der Wirtschaftssubjekte (Menschen innerhalb des Wirtschaftssystems) gebildet, die durch ihre Handlungen in bestimmter Weise auf das Wirtschaftssystem einwirken. Daneben können sich aber auch Einwirkungen einstellen, die dem Einfluß der Wirtschaftssubjekte entzogen sind (z.B. Witterungseinflüsse). Diese Eingabegrößen spiegeln sich während eines Zeitablaufs in statistischen Zeitreihen. Die Black-Box vertritt die Stelle des Wirtschaftsmechanismus, auf welchen diese Eingabegrößen wirken. Wie sich diese Eingabegrößen ausgewirkt haben, zeigen die Ausgabegrößen, die während eines Zeitablaufs ebenfalls als statistische Zeitreihen anfallen.

Hier sind drei Problemkreise zu unterscheiden:

- die Eingabe- und Ausgabegrößen sind bekannt; zu bestimmen ist der Mechanismus der Black-Box (Black-Box Problem),
- die Eingabegrößen und der Mechanismus der Black-Box sind bekannt; gesucht sind die daraus resultierenden Ausgabegrößen (Ausgabe-Problem),
- gegeben sind die Ausgabegrößen und ein bestimmter Mechanismus der Black-Box; zu bestimmen sind die entsprechenden Eingabegrößen (Eingabe-Problem).

Das Black-Box Problem findet sein Gegenstück in der Wirtschaftstheorie. Hier wird auf Grund statistisch gegebener Ein- und Ausgabegrößen versucht, den diesen statistischen Daten entsprechenden Wirtschaftsmechanismus abzuleiten, indem man bestimmte Annahmen und Hypothesen einsetzt, die dann zu einer Theorie vereinigt werden. Die weitere Beobachtung des Wirtschaftsgeschehens soll dann diese Theorie bestätigen (verifizieren); gelingt dies nicht, ist eine neue Theorie einzuführen.

Dem Ausgabe-Problem entspricht ebenfalls eine wirtschaftliche Betrachtungsweise. In diesem Falle wird ein bestimmter Wirtschaftsmechanismus (Wirtschaftstheorie) unterstellt. Auf Grund der statistisch gegebenen Eingabegrößen werden dann die Ausgabegrößen abgeleitet, d.h. es wird dadurch das daraus resultierende Wirtschaftsgeschehen vorausgesagt (statistische Prognosen).

Das Eingabe-Problem endlich besteht darin, bei angenommenem Wirtschaftsmechanismus bestimmte wirtschaftliche Ergebnisse, die sich in den Ausgabegrößen äußern, zu erzielen. Das Problem besteht hier darin, daraus die entsprechenden Eingabegrößen abzuleiten. Die Konjunkturpolitik stellt beispielsweise ein solches Problem dar.

Das System, das bis jetzt verbal umschrieben worden ist, kann auch genau definiert werden. Die System-Definition besteht aus 5 Bestandteilen, nämlich 3 Mengen und 2 die Struktur des Systems kennzeichnenden Funktionen:

$E = \{e_1, e_2, \ldots, e_n\}$, Menge der Eingabegrößen,

$A = \{a_1, a_2, \ldots, a_m\}$, Menge der Ausgabegrößen,

$Z = \{z_1, z_2, \ldots, z_k\}$, Menge der System-Zustände,

$F_1 : E \times Z \rightarrow Z$, Zustands-Überführungsfunktion

$F_2 : E \times Z \rightarrow A$, Ausgabefunktion.

Das System kann folglich durch das Fünftupel

$$S = \{E, A, Z, F_1, F_2\}$$

umschrieben werden. Oft wird noch der Zeitraum, d.h. die Menge aller Zeitpunkte einbezogen. Als Zustand eines Systems bezeichnet man eine bestimmte Gestaltung des Systems, die sich durch ein spezifisches Systemverhalten äußert. Bei gleichen Eingabegrößen kann sich ein System je nach Zustand, in welchem es sich befindet, verschieden verhalten.

Von den beiden Funktionen besagt die Zustands-Überführungsfunktion, daß sich durch die Verbindung der Eingabegrößen mit den Zuständen des Systems neue Systemzustände ergeben. Die Verbindung wird durch das kartesische Produkt bewerkstelligt, d.h. durch die Menge aller geordneten Paare (e_i, z_j). Diese Produktmenge wird in die Zustandsmenge Z abgebildet. Im einzelnen ergeben sich die Abbildungen $(e_i, z_s) \rightarrow z_s$. Das kartesische Produkt

$$\{(e_1, z_1), (e_1, z_2) \ldots (e_n, z_k)\}$$

hat zwei Bedeutungen:
- Zustands-Überführungsfunktion
- Ausgabefunktion.

Die Ausgabefunktion besagt, daß die Ausgabewerte als kartesisches Produkt der Eingabewerte und der Zustandswerte betrachtet werden können, d.h. die Ausgabemenge besteht aus allen geordneten Paaren der Eingabe- und Zustandswerte $(e_i, z_j) \rightarrow a_s$:

$$A = \{a_1, a_2, \ldots, a_m\} = \{(e_1, z_1), \ldots, (e_n z_k)\}.$$

Ein System kann auch durch einen bewerteten gerichteten Graphen dargestellt werden. Jeder Knoten im Graphen entspricht einem Zustand z_j; jede gerichtete Kante stellt einen Übergang von einem Zustand in einen anderen (oder den gleichen) dar. Die Bewertung einer Kante geschieht durch die Eingabegröße e_i, die diese Zustandsänderung $(e_i, z_j) \rightarrow z_s$ bewirkt. Von jedem Knoten gehen soviele Kanten aus wie es Eingabegrößen gibt.

In der Menge aller Zustände eines Systems gibt es zwei besonders gekennzeichnete Zustände, nämlich den Anfangs- und den Endzustand. Alle anderen Zustände bezeichnet man als Zwischenzustände. Der Anfangszustand sei mit z_0, der Endzustand mit z_f (Finalzustand) bezeichnet.

Die Darstellung der Zustands-Überführungsfunktion soll an einem einfachen Beispiel veranschaulicht werden. Gegeben sei ein System, das durch die Eingabe $E = \{a, b\}$ und die Zustände $z = \{z_0, z_1, z_f\}$ bestimmt sei. Die Zustands-Überführungsfunktion hat beispielsweise die folgende Form:

F_1:

E \ Z	z_0	z_1	z_f
a	z_0	z_0	z_f
b	z_1	z_f	z_f

Daraus leitet sich der Folgende Graph ab:

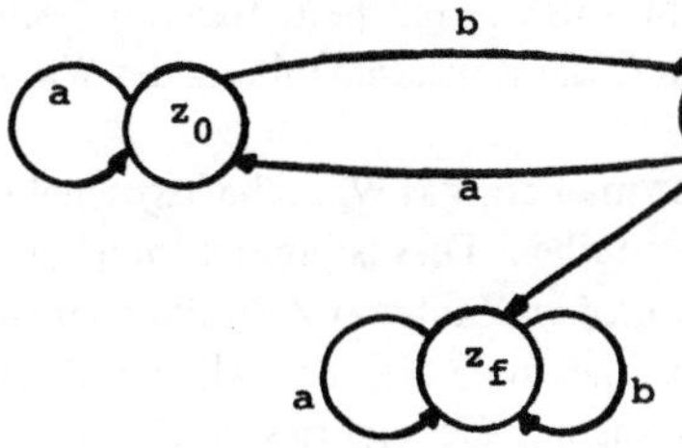

Für verschiedene Kombinationen der Eingaben lassen sich daraus die verschiedenen Zustände ableiten:

Eingabe	$a\ a\ b$	führt zum Zustand	z_1
Eingabe	$a\ b\ b$	führt zum Zustand	z_f
Eingabe	$b\ a\ b\ a\ a$	fürht zum Zustand	z_0
Eingabe	$a\ b\ a\ b\ b$	führt zum Zustand	z_f.

Diese systemtheoretischen Überlegungen sollen nun noch auf wirtschaftliche Gegebenheiten übertragen werden. Zu diesem Zwecke soll auf einen einfachen ökonomischen Sachverhalt zurückgegriffen werden. Man kann annehmen, daß die von den Wirtschaftsubjekten erarbeiteten Einkommen zum Teil für Konsumgüter ausgegeben und zum Teil gespart werden. Es soll angenommen werden, daß dieser Anteil (Sparanteil) zinsbringend angelegt und nicht gehortet wird. Das Einkommen sei mit Y, der Konsum mit C und der Sparanteil mit S bezeichnet werden. Die Sparwilligkeit hängt aber vom Zinssatz $i(t)$ ab, der im gegebenen Zeitpunkt t üblich ist. Alle diese Werte hängen von der Zeit ab. Die Eingabe in das System besteht aus dem Einkommen $Y(t)$ und dem geltenden Zinssatz $i(t)$. Als Ausgabe kann man dann den Konsum $C(t)$ und den Sparanteil $S(t)$ betrachten. Setzt man für den Wirtschaftsmechanismus (Black-Box) bestimmte Hypothesen ein, so können daraus Ausgabegrößen abgeleitet werden (Ausgabeproblem). Andererseits könnte man sich fragen, wie der Zinssatz verändert werden muß, um eine bestimmte Spartätigkeit zu erzielen, wobei auch hier der Wirtschaftsmechanismus bekannt sein soll (Eingabeproblem). Bevor aber dieses Eingabeproblem aufgeworfen werden kann, muß der Wirtschaftsmechanismus abgeleitet werden. Zu diesem Zwecke wird man über eine längere Zeitspanne die Eingabe

(Einkommen und Zinssatz), sowie die Ausgabe (Konsum und Spartätigkeit), die als Zeitreihen gegeben sind, beobachten, und sich fragen, welcher Wirtschaftsmechanismus tätig sein muß, damit die gegebene Eingabe in die beobachtete Ausgabe transformiert wird (Black-Box Problem).

Ein System ist ein komplexes Gebilde. Dies gilt vor allem für das Wirtschaftssystem. Ein solches kann deshalb durch Wirtschafts-Zeitreihen, die unabhängig voneinander betrachtet werden, nicht genügend genau erfaßt werden. Die einzelnen durch Zeitreihen dargestellten Einflüsse stehen in Wechselwirkung zueinander, wie dann auch die einzelnen Elemente eines Systems und dessen Umwelt voneinander abhängen. Es ist deshalb notwendig, verschiedene Wirtschafts-Zeitreihen nicht isoliert zu betrachten, sondern sie als Teile eines übergeordneten Ganzen aufzufassen. Dieser Betrachtungsweise entspricht das Mehrreihen-Problem der Zeitreihen-Analyse. Gleichwohl wird man in der Zeitreihen-Analyse mit der Untersuchung einer für sich allein betrachteten Zeitreihe beginnen, und dann darauf gründend eine wirtschaftliche Aussage machen. Man muß sich aber stets bewußt sein, daß diese Aussage noch in den Gesamtzusammenhang des Wirtschaftssystems einzubeziehen ist.

Beim Mehrreihen-Problem strebt man an, das Wirtschaftsgeschehen durch alle möglichen Wirtschafts-Zeitreihen zu beschreiben. Dies ist aber unmöglich, sei es, daß dadurch die Wechselbeziehungen wegen der großen Zahl von Zeitreihen zu vielfältig sind, um noch überblickt werden zu können, sei es, daß viele dieser möglichen Zeitreihen gar nicht bekannt sind. Eine gewisse Beschränkung auf die wichtigsten Zeitreihen ist deshalb unumgänglich. Je nach der Problemstellung der wirtschaftswissenschaftlichen Untersuchung wird der Kreis dieser ausgewählten Zeitreihen anders zusammengesetzt sein. Die wirtschaftliche Wirklichkeit muß deshalb durch ein Modell abgebildet werden. Bezweckt man beispielsweise in der Meteorologie Modelle zu entwickeln, die es ermöglichen, langfristige Wetterprognosen (Ausgabe) zu erstellen, so liegt in der Wirtschaftswissenschaft ein analoges Problem vor. Auch hier ist man bestrebt, auf Grund beobachteter Zeitreihen den Wirtschaftsmechanismus immer genauer zu erforschen. Konnte man früher nur wenige Zeitreihen simultan beobachten und daraus Regelmäßigkeiten über ihr wechselseitiges Verhalten ableiten, so ist es heutigentags dank der Computer möglich, den Beobachtungszeitraum wesentlich zu vergrößern. Untersuchungen dieser Art werden in der Ökonometrie durchgeführt.

1.5 Zeitreihen-Analyse und Ökonometrie

Wie eingangs schon erwähnt worden ist, beruht die Ökonometrie auf dem Einsatz statistischer und mathematischer Methoden bei volkswirtschaftlichen Problemen. Da hier die ökonomischen Probleme vor allem durch Wirtschaftsreihen erfaßt werden, bildet die Zeitreihen-Analyse eine wichtige Untersuchungsmethode in der Ökonometrie. Es soll deshalb kurz das Wesen der Ökonometrie dargestellt werden.

Die in der Ökonometrie betrachteten Zeitreihen beziehen sich auf besondere, für die ökonometrische Untersuchung relevanten Merkmale, die als Variablen in mathematische Beziehungen eingehen. Die Darstellung wirtschaftlicher Zusammenhänge geschieht hier durch Modelle, die als Gleichungssysteme dargestellt werden. Die Bestandteile dieser Gleichungen in diesem System sind die Variablen und die Parameter. Diese Variablen werden grundsätzlich in zwei Gruppen aufgeteilt:

- endogene Variablen,
- exogene Variablen.

Die endogenen Variablen beeinflussen die Resultate, die auf Grund eines solchen Gleichungssystems erhalten werden, und sie werden von den Beziehungen dieses Gleichungssystems beeinflußt. Es gilt, diese endogenen Variablen zu bestimmen und vorauszusagen.

Die exogenen Variablen hingegen beeinflussen das System von Beziehungsgleichungen, werden aber von diesen Gleichungen nicht beeinflußt. Sie sind zum voraus bekannt. Die gleichen Eigenschaften wie exogene Variablen können auch endogene Variable aufzeigen, sofern sie zeitverschoben eingesetzt werden. Auch sie sind wertmäßig zum voraus bekannt. Man vereinigt deshalb oft die exogenen und die zeitverschobenen endogenen Variablen unter der Bezeichnung vorbestimmte Variable.

Das durch mehrere Gleichungen gegebene System wirtschaftlicher Beziehungen dient dazu, mit Hilfe der vorbestimmten Variablen die endogenen Variablen zu bestimmen. Um dieses Problem lösen zu können, müssen noch die Parameter oder Konstanten des Gleichungssystems bekannt sein. Diese werden ermittelt, indem man aus der Vergangenheit Werte für die vorbestimmten Variablen (Zeitreihen) einsetzt und dann durch Regressionsanalysen die Werte der Parameter zu berechnen versucht. Diese Parameterwerte dienen dann dazu, bei gegebenen vorbestimmten Variablen die entsprechenden endogenen Variablen zu ermitteln. Dabei ist zu beachten, daß alle Beziehungen des Gleichungssystems gleichzeitig (simultan) erfüllt sein müssen. Deshalb spricht man auch von einem System simultaner Gleichungen. Welche von den betrachteten Variablen als endogen und welche als exogen zu definieren sind, hängt vom ökonometrischen Problem ab, das zu untersuchen ist.

Die durch die einzelnen Gleichungen des ökonometrischen Modells (Gleichungssystem) dargestellten wirtschaftlichen Zusammenhänge bezeichnet man in ihrer Gesamtheit als Struktur. Die Struktur eines ökonometrischen Modells umfaßt also alle Größen und Größenbeziehungen, die sich nicht ändern, d.h. die Struktur ist durch Konstanten gekennzeichnet. Die einzelnen Gleichungen der Struktur, d.h. die Strukturgleichungen, stellen die einzelnen simultan geltenden Beziehungen zwischen Variablen und Konstanten dar.

Für rechnerische Zwecke ist es aber notwendig, die einzelnen Strukturgleichungen nach den einzelnen Variablen aufzulösen. Dies ergibt die reduzierte Form des Modells. Hier stellt jede Gleichung den Zusammenhang nur einer Variablen mit den übrigen Variablen und Konstanten dar.

Ein Beispiel soll dies verdeutlichen. Die Beziehungen zwischen Gesamtproduktion, Produktionsverbrauch und Endverbrauch für die einzelnen Branchen lauten:

$$X_1 = x_{11} + x_{12} + \ldots + x_{1n} + y_1$$
$$X_2 = x_{21} + x_{22} + \ldots + x_{2n} + y_2$$
$$\cdots\cdots$$
$$X_n = x_{n1} + x_{n2} + \ldots + x_{nn} + y_n$$

X_i = Gesamtproduktion in der Branche i,

x_{ij} = Teil der Produktion der Branche i, der in der Branche j verbraucht wird,

y_i = Endverbrauch der Produktion der Branche i.

Es ist klar, daß der Verbrauch x_{ij} von der Gesamtproduktion X_i abhängt. Wird angenommen, daß zwischen diesem Verbrauch x_{ij} und der Gesamtproduktion in den einzelnen Branchen X_i eine einfache direkte Proportionalität besteht, kann man schreiben

$$x_{11} = a_{11} X_1, \; x_{12} = a_{12} X_2, \ldots, x_{1n} = a_{1n} X_n$$
$$x_{21} = a_{21} X_1, x_{22} = a_{22} X_2, \ldots, x_{2n} = a_{2n} X_n$$
$$\cdots\cdots$$
$$X_{n1} = a_{n1} X_1, x_{n2} = a_{n2} X_2, \ldots, x_{nn} = a_{nn} X_n$$

wo a_{ij} eine Konstante ist.

Das oben angegebene Gleichungssystem kann nun folgendermaßen geschrieben werden:

$$X_1 = a_{11} X_1 + a_{12} X_2 + \ldots + a_{1n} X_n + y_1$$
$$X_2 = a_{21} X_1 + a_{22} X_2 + \ldots + a_{2n} X_n + y_2$$
$$\cdots\cdots$$
$$X_n = a_{n1} X_1 + a_{n2} X_2 + \ldots + a_{nn} X_n + y_n$$

oder in Matrixform:

$$X = AX + Y.$$

Nun kann man zwei Aufgaben formulieren:

a) Die Gesamtproduktion in den einzelnen Branchen (X_i) is bekannt (oder vorbestimmt) und der Endverbrauch (y_i) soll berechnet werden. Die Lösung ist hier:

$$X - AX = Y$$

oder

$$(I - A) X = Y.$$

b) Der Endverbrauch (y_i) ist bekannt (oder vorbestimmt) und es soll die Gesamtproduktion in der Branche $i(X_i)$ bestimmt werden. Die Lösung lautet hier:

$$X = (I - A)^{-1} Y.$$

Ein wichtiges Ziel der Zeitreihen-Analyse ist die statistische Prognose. Das Prognoseproblem kann nun etwas genauer gefaßt werden. Es kann in zwei Teilprobleme aufgeteilt werden:

- Prognose bei unveränderter Struktur des Modells,
- Prognose bei veränderter Struktur des Modells.

Beim Prognoseproblem mit unveränderter Struktur des Modells kann die Auswirkung der vorbestimmten Variablen auf die endogenen Variablen aus der Entwicklung der vorbestimmten Variablen mit Hilfe statistischer Methoden abgeleitet werden.

Beim Prognoseproblem mit sich ändernder Struktur hingegen ist dieses Vorgehen nicht möglich. Hier stellt sich ein kybernetisches Problem, da angenommen werden muß, daß sich die Werte der endogenen Variablen auf die vorbestimmten Variablen wie auch auf die Parameter des Systems auswirken und deshalb die Struktur verändern. Diese Einwirkung geschieht durch Regelkreise (Feed-Back-Beziehungen).

Diese Überlegungen sollen auf zwei bekannte klassische ökonometrische Modelle angewendet werden. In einem ersten Modell soll angenommen werden, daß der Gesamtverbrauch nur vom Gesamteinkommen abhängt, und daß sich das Gesamteinkommen auf Konsumausgaben und Investitionen verteilt. Dieses Modell hat der bekannte Wirtschaftswissenschaftler J.M. Keynes aufgestellt. Diese ökonometrischen Beziehungen ergeben das folgende Gleichungssystem:

$$(1)\quad C_t = \alpha Y_t + \epsilon_t$$

$$(2)\quad C_t + I_t = Y_t$$

wo

C_t = Gesamtverbrauch zur Zeit t,

Y_t = Gesamteinkommen zur Zeit t,

I_t = Investitionen zur Zeit t,

ϵ_t = Zufallsvariable.

Dieses aus zwei Gleichungen bestehende System stellt die Struktur dar. Die erste Gleichung ist eine Verhaltensgleichung, die makroökonomische Konsumfunktion, die zweite Gleichung ist eine Definitionsbeziehung. Der Wert α stellt eine Konstante, den Parameter, dar. Dieser Parameter ist zunächst unbekannt und muß aus Werten der Vergangenheit der Variablen (C_t, Y_t, I_t), d.h. auf Grund von statistischen Zeitreihen bestimmt werden. Ist α bekannt, können nun die endogenen Variablen bei gegebenen exogenen Variablen bestimmt und vorausgesagt werden. Allerdings umfaßt dieses System drei Variable (Y_t, C_t, I_t) und nur zwei Gleichungen. Eine dieser Variablen muß deshalb als exogen definiert werden, damit das System vollständig wird. So kann beispielsweise angenommen werden, daß die Investitionen (I_t) die exogene Variable und die Variablen Konsum (C_t) und Einkommen (Y_t) endogen sind.

Die beiden endogenen Variablen erscheinen nun in beiden Gleichungen. Damit dieses Struktursystem ausgewertet werden kann, ist daraus die reduzierte Form abzuleiten, indem man jede endogene Variable (C_t, Y_t) getrennt als Funktion der exogenen Variablen (I_t) ausdrückt. Dies geschieht beispielsweise dadurch, daß Y_t aus der zweiten Gleichung in die erste eingesetzt und diese nach C_t aufgelöst wird. Durch diese Umformung ergibt sich die folgende Gleichung:

$$C_t = \frac{\alpha}{1-\alpha} I_t + \frac{1}{1-\alpha} \epsilon_t.$$

Hier muß allerdings vorausgesetzt werden, daß $\alpha \neq 1$ ist. Löst man die zweite Strukturgleichung nach C_t auf und setzt diesen Ausdruck in die erste Strukturgleichung ein, so ergibt sich:

$$Y_t = \frac{1}{1-\alpha} I_t + \frac{1}{1-\alpha} \epsilon_t \quad (\alpha \neq 1).$$

Die reduzierte Form dieses Modells von Keynes besteht folglich aus den beiden Beziehungen:

Gesamtverbrauch:

$$(1) \quad C_t = \frac{\alpha}{1-\alpha} I_t + \frac{1}{1-\alpha} \epsilon_t$$

Gesamteinkommen:

$$(2) \quad Y_t = \frac{1}{1-\alpha} I_t + \frac{1}{1-\alpha} \epsilon_t .$$

Hier ist einerseits $C_t = f(I_t, \epsilon_t)$ und $Y_t = g(I_t, \epsilon_t)$, d.h. die beiden endogenen Variablen (C_t, Y_t) sind jetzt allein als Funktion der exogenen Variablen (I_t) ausgedrückt.

Als ein etwas komplizierteres Modell soll das Modell I von L. Klein für die USA kurz dargestellt werden. Dieses Modell umfaßt 10 Variablen, nämlich:

C_t: Gesamtkonsum zur Zeit t,
P_t: Gesamtprofit zur Zeit t,
W_t: Gesamtlohnsumme der Privatindustrie zur Zeit t,
W'_t: Gesamtlohnsumme der öffentlichen Körperschaften zur Zeit t,
I_t: Netto-Investitionen zur Zeit t,
K_t: Kapitalgüterbestand zur Zeit t,
X_t: Gesamtproduktion der Privatindustrie zur Zeit t,
G_t: Gesamte Nicht-Lohnausgaben der öffentlichen Körperschaften zur Zeit t,
T_t: Steuern der juristischen Personen zur Zeit t,
t: Zeit in Kalenderjahren.

Das Strukturmodell besteht aus den 6 Gleichungen, die endogene, vorbestimmte Variblen und Parameter enthält:

$$(1) \quad C_t = \alpha_0 + \alpha_1 P_t + \alpha_2 P_{t-1} + \alpha_3 (W_t + W'_t) + \epsilon_t$$
$$(2) \quad I_t = \beta_0 + \beta_1 P_t + \beta_2 P_{t-1} + \beta_3 K_{t-1} + \epsilon_t$$
$$(3) \quad W_t = \gamma_0 + \gamma_1 P_t + \gamma_2 X_{t-1} + \gamma_3 (t - 1931) + \epsilon_t$$
$$(4) \quad X_t = C_t + I_t + G_t$$
$$(5) \quad P_t = X_t - W_t - T_t$$
$$(6) \quad K_t = K_{t-1} + I_t .$$

Die Gleichungen (1) bis (3) sind Verhaltensgleichungen, die Gleichungen (4) bis (6) Definitionsgleichungen. Das System umfaßt 6 Gleichungen und 10 Unbekannte. Damit das System vollständig wird, müssen 4 dieser Variablen als exogene Variablen definiert werden.

Als solche können die Variablen t, W'_t, T_t und G_t gewählt werden. Hinzu kommen noch vorbestimmte endogene Variable (P_{t-1}, K_{t-1}, X_{t-1}). Als weiteren Schritt müßte noch die reduzierte Form abgeleitet werden, um das System praktisch auswerten zu können.

Diese ökonometrische Betrachtungsweise kann systemtheoretisch interpretiert werden. Beim Modell von Keynes bilden die Zeitreihe des Konsums die Ausgabe und die der Einkommen die Eingabe. Für die in der Black-Box stattfindende Transformation wird hier eine einfache Proportionalitätsbeziehung angenommen, die durch die Beziehung (1) des Modells von Keynes versinnbildlicht wird. In diesem Falle ist die Eingabe gegeben und über die Transformation ist eine Hypothese aufgestellt worden.

Ein etwas komplizierterer Fall liegt beim Modell Klein vor. Die Eingabe besteht aus den folgenden Zeitreihen:

- Exogene Variablen:
  - Gesamtlohnsumme der öffentlichen Körperschaften (W'_t),
  - Gesamte Nicht-Lohnausgaben der öffentlichen Körperschaften (G_t),
  - Steuern der juristischen Personen (T_t),
  - Zeit (t)
- Vorbestimmte endogene Variablen:
  - Gesamtproduktion der Privatindustrie (X_{t-1}),
  - Gesamtprofit (P_{t-1}),
  - Kapitalgüterbestand (K_{t-1}).

Diese statistischen Daten werden durch eine Transformation, die bei Klein als lineare Beziehungen angenommen wird, in die Ausgabe überführt, die aus den folgenden Zeitreihen besteht:

Endogene Variablen:

- Gesamtkonsum (C_t),
- Gesamtproduktion der Privatindustrie (X_t),
- Netto-Investitionen (I_t),
- Kapitalgüterbestand (K_t),
- Gesamtlohnsumme der Privatindustrie (W_t),
- Gesamtprofit (P_t).

Die endogenen Variablen X_t, P_t und K_t wirken sich noch durch ein Feed-Back-System auf die Transformation aus (vorbestimmte endogene Variable).

Die Theorie solcher Wirtschaftsmodelle geht bis auf das Jahr 1936 zurück. In diesem Jahr hat Tinbergen ein Modell der holländischen Volkswirtschaft aufgestellt, das 24 Gleichungen umfaßt. In das Jahr 1950 fällt das angeführte Modell I von Klein für die USA mit 6 Gleichungen. Dieses Modell wurde im Jahre 1955 von Klein und Goldberger auf 20 Gleichungen erweitert. Im Jahre 1964 wurde es sogar auf 34 Gleichungen verfeinert. Solche komplexe Modelle wurden durch die um das Jahr 1950 für solche Untersuchungen verfügbaren Computer praktisch verwertbar.

2. Analyseverfahren bei Zeitreihen

Wie schon erwähnt, können Zeitreihen hinsichtlich verschiedener Zielsetzungen untersucht werden. Nicht nur sind verschiedene Zielsetzungen zu unterscheiden, sondern auch die Durchführung der Untersuchung von Zeitreihen ist nicht einheitlich. Grundsätzlich werden hier zwei methodische Ansätze unterschieden; der ältere, klassische Ansatz ist die *zeitbezogene* Untersuchungsmethode, der jüngere Ansatz wird die *frequenzbezogene* Untersuchungsmethode bezeichnet.

2.1 Zeitbezogene Analyseverfahren

Beim zeitbezogenen Analyse-Verfahren werden die einzelnen Merkmalswerte einer Zeitreihe als zeitliche Folge von Merkmalsausprägungen aufgefaßt. Dabei stellt sich das Problem, inwiefern die einzelnen Merkmalswerte der Zeitreihe untereinander verbunden sind. Eine der wichtigsten Untersuchungsmethoden ist hier die Korrelation. Diese wird vor allem herangezogen, um eine Zeitreihe zeitbezogen darzustellen. Besonders wichtig ist hier die Autokorrelation, d.h. der zeitverschobene Vergleich einer Zeitreihe mit sich selbst. Die einzelnen Autokorrelations-Koeffizienten vermitteln Anhaltspunkte darüber, inwieweit die einzelnen Merkmalswerte der Zeitreihe miteinander verbunden sind.

Dieses Analyse-Verfahren ist auch dadurch gekennzeichnet, daß der zeitliche Verlauf der Merkmalsausprägungen durch bestimmte Modelle darzustellen versucht wird. So wird beispielsweise die längerfristige Entwicklungstendenz durch verschiedene Trend-Modelle (lineare, nicht-lineare und andere) gekennzeichnet. Es hat sich nun gezeigt, daß eine Zeitreihe in drei Komponenten aufgelöst werden kann, nämlich:

- Hauptbewegung oder Trend,
- zyklische Schwankungen (einschließlich der Saisonkomponente),
- Zufalls- oder Restkomponente.

Es sind 3 Arten von zyklischen Schwankungen zu unterscheiden, nämlich:

- Schwankungen, bei welchen der Zyklus größer als 1 Jahr ist (Langfristige zyklische Schwankungen),
- Schwankungen, bei welchen der Zyklus kürzer als 1 Jahr ist (kurzfristige zyklische Schwankungen),
- Schwankungen, bei welchen der Zyklus genau 1 Jahr ist (Saisonschwankungen).

Unter den langfristigen zyklischen Schwankungen sind 3 Gruppen für die Wirtschaftswissenschaften bekannt geworden, nämlich der Kondratieff-Zyklus (Zyklus rund 60 Jahre), der Juglar-Zyklus (Zyklus knapp 10 Jahre), der Kitchin-Zyklus (Zyklus rund 40 Monate).

Die empirisch gegebene Zeitreihe wird als Realisation der Überlagerung dieser drei Komponenten aufgefaßt. Die Untersuchungsmethode besteht darin, aus der gegebenen Zeitreihe zuerst den Trend und die zyklischen Schwankungen (sofern vorhanden) mit Hilfe bestimmter Methoden zu isolieren. Hierauf werden diese beiden Komponenten miteinander verbunden und das Ergebnis dieser Überlagerung mit der gegebenen Zeitreihe verglichen. In der Regel sind dann noch Abweichungen festzustellen, die die Restkomponente darstellen. Diese letzte Komponente sollte nur noch zufällige Schwankungen aufweisen. Besondere statistische Unersuchungsmethoden ermöglichen es, dies festzustellen.

Die Art der Überlagerung dieser Komponenten einer Zeitreihe kann verschieden sein. In der zeitbezogenen Zeitreihen-Analyse werden zwei Modelle unterschieden. In einem ersten Modell wird angenommen, daß sich diese Komponenten additiv überlagern, in einem zweiten Modell wird eine multiplikative Verknüpfung unterstellt. Diese beiden Modelle können formelmäßig folgendermaßen dargestellt werden:

Modell 1: $Y = T + Z + R$

Modell 2: $Y = T \cdot Z \cdot R$

Y: Zeitreihen-Werte,

T: Trend-Komponente,

Z: Zyklische Schwankungen und Saisonkomponente,

R: Restkomponente (Zufallsschwankungen).

Die zeitbezogene Zeitreihen-Analyse wird vor allem bei Prognose- und Kontrollproblemen eingesetzt. Bei Prognoseproblemen kennt man den Verlauf einer Zeitreihe bis zum Zeitpunkt T und wünscht nun weitere Werte für zukünftige Zeitpunkte $(T + 1)$, $(T + 2)$ usw. zu bestimmen. Ein Kontrollproblem liegt vor, wenn eine gegebene Zeitreihe beobachtet wird, deren Merkmalswerte von anderen Zeitreihen abhängen, wobei diese Zeitreihen vom Beobachter beeinflußt werden können. In diesem Falle geht es darum, auf diese Zeitreihen derart einzuwirken, daß die zeitliche Entwicklung der beobachteten Zeitreihe in gewisse Bahnen gelenkt wird.

2.2 Frequenzbezogene Analyseverfahren

Die Frequenzbezogenen Analyse-Verfahren sind dadurch gekennzeichnet, daß die Merkmalswerte einer Zeitreihe in Abhängigkeit von Frequenzen beobachtet werden und nicht als zeitliche Abfolgen. Dieses Analyse-Verfahren ist vor allem nützlich, wenn die Zeitreihe Periodizitäten aufweist. Den Verlauf einer Zeitreihe mit Periodizitäten kann man schematisch folgendermaßen darstellen:

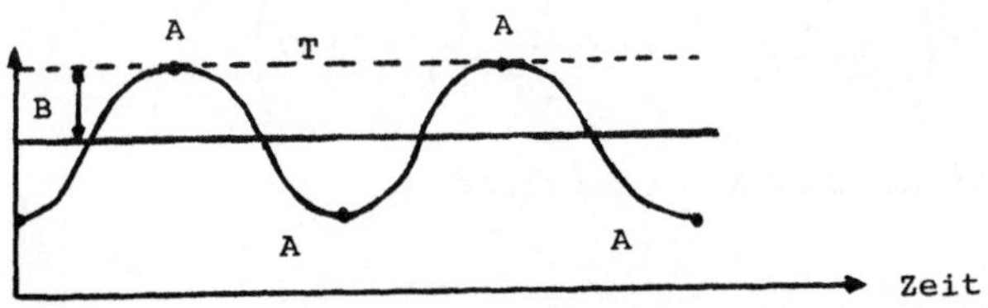

A: Inflexionspunkte
B: Amplitude

T: Periodizität
$1/T$: Frequenz, d.h. Anzahl Perioden in einer Zeiteinheit.

Eine Funktion $f(x)$ hat die Periodizität 2π (im Bogenmaß), wenn

$$f(x) = f(x + 2\pi).$$

Ist die Periodizität ganz allgemein T, d.h.

$$f(x) = f(x + T),$$

so kann man diese Funktion durch die Transformation

$$t = \frac{2\pi}{T} x$$

auf die Funktion $f(t)$ mit der Periodizität 2π umformen. Diese Transformation erleichtert sehr oft die praktischen Berechnungen. Die einfachsten periodischen Funktionen sind die trigonometrischen Funktionen

$$y = \sin t \quad \text{und} \quad y = \cos t$$

oder ihre Kombination

$$y = a \cos \lambda t + b \sin \lambda t$$

wo a und b Parameter und λ die Frequenz bezeichnen. Graphisch stellen a und b die Gegenkathete bzw. die Ankathete im rechtwinkeligen Dreieck dar (vgl. Abb.).

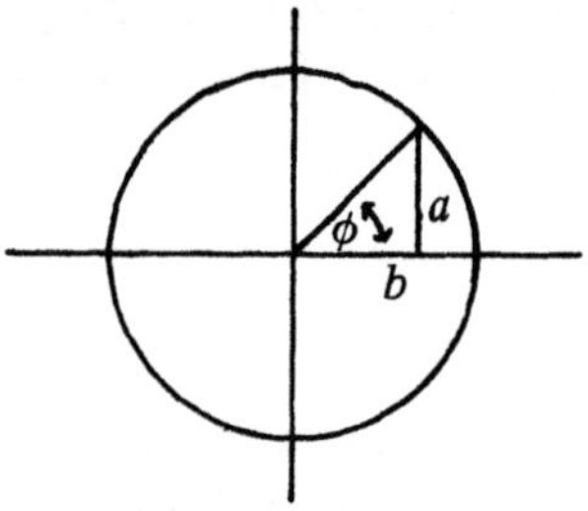

Hier sind

$$\sin \phi = \frac{a}{\sqrt{a^2 + b^2}} \text{ und } \cos \phi = \frac{b}{\sqrt{a^2 + b^2}}.$$

Setzt man diese Werte in die gegebene trigonometrische Funktion ein, so ergibt sich:

$$y = \sqrt{a^2 + b^2} \left(\frac{a}{\sqrt{a^2 + b^2}} \cos \lambda t + \frac{b}{\sqrt{a^2 + b^2}} \sin \lambda t \right) =$$

$$= \sqrt{a^2 + b^2} \; (\sin \phi \cos \lambda t + \cos \phi \sin \lambda t) =$$

$$= \sqrt{a^2 + b^2} \; \sin (\lambda t + \phi).$$

Setzt man $\sqrt{a^2 + b^2} = A$, so ergibt sich

$$y = A \sin (\lambda t + \phi).$$

Hierin bedeuten A die Amplitude und ϕ die Phase. Diese Begriffe sollen nachfolgend kurz erläutert werden.

Die Amplitude äußert sich graphisch durch höhere Wellenberge und tiefere Wellentäler der zyklischen Schwankungen. Die Phase ϕ stellt eine horizontale Verschiebung der Wellenbewegung (Funktionsbild) dar. Die Frequenz $\lambda = 1/T$ gibt uns Aufschluß über die Häufigkeit der Wellenbewegungen innerhalb einer bestimmten Zeiteinheit. Die folgende Abbildung verdeutlicht diese Begriffe.

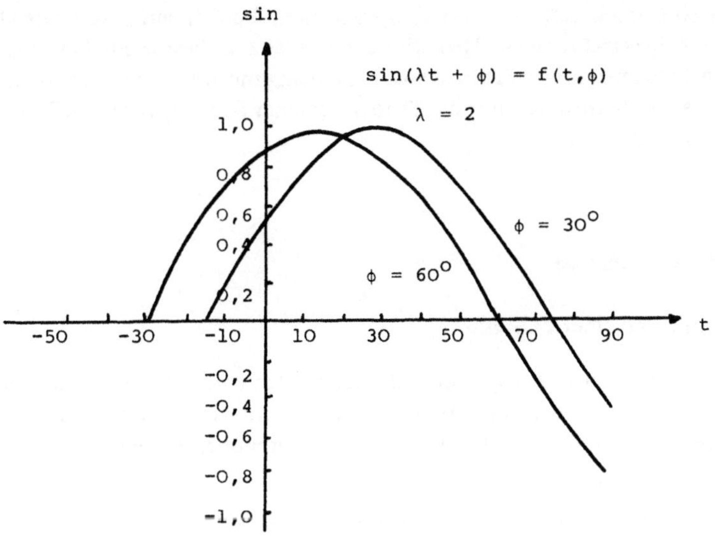

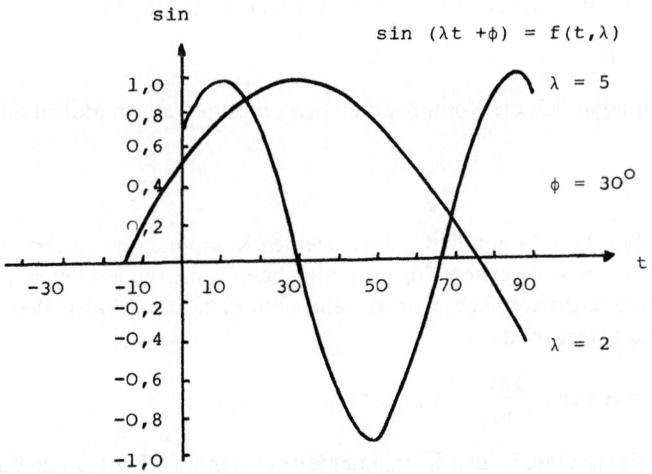

Je höher der Parameter λ für die Frequenz, desto rascher folgen sich die Wellenbewegungen. Bei der zeitbezogenen Darstellung stellt der Winkel t einen Zeitpunkt dar, der auf der Abszissenachse abgetragen wird, während die einzelnen Merkmalswerte an der Ordinatenachse gemessen werden. Bei der frequenzbezogenen Darstellung hingegen werden nicht die Zeitpunkte auf der Abszissenachse aufgetragen, sondern die Frequenzen aufgetragen. Für jene Frequenzen, die mit den Periodizitäten der Zeitreihe statistisch übereinstimmen, ergeben sich hohe Ordinatenwerte, während Frequenzen, die in der Zeitreihe praktisch nicht vertreten sind, durch kleine Ordinatenwerte abgebildet werden. Diese frequenzbezogene Darstellung bezeichnet man als Spektrum und die darauf beruhende Untersuchungsmethode die Spektral-Analyse. Hier wird die Tendenz für bestimmte Schwingungen einer gegebenen Frequenz aufgezeigt, daß solche Schwingungen in der betrachteten Zeitreihe vorhanden sind. Es wird also nur die Tendenz solcher Schwingungen, nicht aber die Schwingungen selbst aufgezeigt.

3. Zeitbezogene Analyse

3.1 Komponenten einer Zeitreihe

Bei der zeitbezogenen Analyse nimmt man an, daß eine empirisch gegebene Zeitreihe in vereinfachter Weise durch die Komponenten gekennzeichnet werden kann, die es in ihrem zeitlichen Verlauf zu ermitteln gilt. Diese Komponenten sind:

- Trend oder Hauptbewegung (T),
- zyklische Schwankungen, einschließlich Saisonkomponente (Z),
- Rest- oder Zufallskomponente (R).

Jede empirische Zeitreihe kann, so nimmt man an, durch diese drei Komponenten vollständig erklärt werden. Dabei werden in der Regel zwei Modelle unterstellt, das additive und das multiplikative Modell. Beim additiven Modell wird angenommen, daß sich die drei Komponenten additiv zur effektiven Zeitreihe (ZR) verbinden, d.h.

$$\mathrm{ZR} = T + Z + R.$$

Demgegenüber verbinden sich die Komponenten beim multiplikativen Modell durch Multiplikation, d.h.

$$\mathrm{ZR} = T \cdot Z \cdot R.$$

Die Zeitreihen-Analyse besteht nun darin, die einzelnen Komponenten zu errechnen und sie zu eliminieren, indem beide ersten Komponenten beim additiven Modell von der empirischen Zeitreihe schrittweise abgezogen, beim multiplikativen Modell aber durch Division ausgeschaltet werden, d.h.

$$\mathrm{ZR} - T - Z = R \text{ bzw. } \frac{\mathrm{ZR}}{T \cdot Z} = R.$$

Wäre die Zeitreihe durch diese beiden Komponenten vollständig erklärt, so müßte die

Restkomponente verschwinden. Da aber die einzelnen Merkmalswerte einer Zeitreihe noch zufallsbeeinflußt sind, wird noch eine Restkomponente zu beobachten sein. Stellen die beiden Komponenten T und Z die gegebene Zeitreihe statistisch genügend genau dar, so verbleiben als Restkomponente zufällige Schwankungen. Das Ziel der zeitbezogenen Zeitreihen-Analyse ist es folglich, die Restkomponente darauf hin zu prüfen, ob sie als zufällige Schwankung betrachtet werden kann. Ist dies nicht der Fall, müssen neue Hypothesen über Trend und zyklische Schwankungen unterstellt und die Analyse wiederholt werden. Im folgenden sollen nun einige der wichtigsten Methoden dargelegt werden, um die Trend- und die zyklischen Komponente zu erfassen.

3.2 Bestimmung der Zeitreihen-Komponenten

3.2.1 Trend-Komponente

Die Statistik kennt verschiedene Verfahren, um die Trend-Komponente zu bestimmen. Bei dieser Komponente geht es darum, die allgemeine zeitliche Entwicklung der Zeitreihe festzustellen, d.h. ist die Entwicklung zunehmend (steigend), abnehmend (fallend) oder unverändert (horizontal). Diese Entwicklungen werden durch eine Gerade gekennzeichnet, die den Verlauf der Zeitreihe am besten wiedergibt. Je nachdem der Steigungskoeffizient b der Geradenfunktion

$$y = a + bt$$

positiv, negativ oder Null ist, liegt eine steigende, fallende oder horizontale Entwicklung vor.

Eine Gerade ist nun eindeutig durch zwei Punkte gekennzeichnet. Auf dieser Überlegung beruht die *Halbmittelwerts-Methode.* Hier wird die Zeitreihe halbiert und für jede Hälfte die Mittelwerte der betreffenden Merkmalswerte berechnet. Diese werden den mittleren Merkmalswerten in den beiden Hälften zugeordnet. Dadurch sind zwei Punkte ermittelt worden, durch welche eine Gerade gezogen werden kann. Das folgende Beispiel veranschaulicht diese Methode.

Jahre	Aktienindex	Jahre	Aktienindex
1968	152,4	1973	177,4
1969	168,0	1974	133,7
1970	156,7	1975	130,1
1971	155,8	1976	144,1
1972	183,2	1977	152,0

Aktienindex Schweiz: 1968–1977. Jahresmittel 1966 = 100 (Jahresdurchschnitte)
(Quelle: Statistisches Jahrbuch der Schweiz)

In dieser Tabelle ist die Zeitreihe schon halbiert. Die Summe der Werte für die Jahre 1968 bis 1972 ist 816,1 und die der Jahre 1973 bis 1977 stellt sich auf 737,3. Die entsprechenden Mittelwerte (arithmetisches Mittel) sind 163,2 und 147,5. Die folgende Abbildung zeigt den Verlauf dieser Zeitreihe und die nach dieser Methode bestimmte Trendgerade ($G1$). Die Graphik zeigt, daß die Entwicklung in diesem Zeitraum von 10

Jahren fallend ist. Die Funktion dieser Trendgeraden ist daher durch einen negativen Steigungskoeffizienten gekennzeichnet. Setzt man die Koordinaten dieser beiden Punkte in die Geradenfunktion ein, kann man diesen Steigungskoeffizienten berechnen. Als Zeitkoordinate wird vereinfachend für das Jahr 1968 $t = 1$, für 1969 $t = 2$ usw. gesetzt.

$$\begin{array}{ll} \text{I.} & 163{,}2 = a + 3b \\ \text{II.} & \underline{147{,}5 = a + 8b} \\ \text{I.–II.} & 15{,}7 = -5b \qquad \underline{b} = -\frac{15{,}7}{5} = \underline{-3{,}14} \\ & \underline{a} = 163{,}2 - 3b = 163{,}2 + 9{,}42 = \underline{172{,}62}. \end{array}$$

Die Trendgerade hat also die Gleichung:

$$\underline{y = 172{,}6 - 3{,}14t}$$

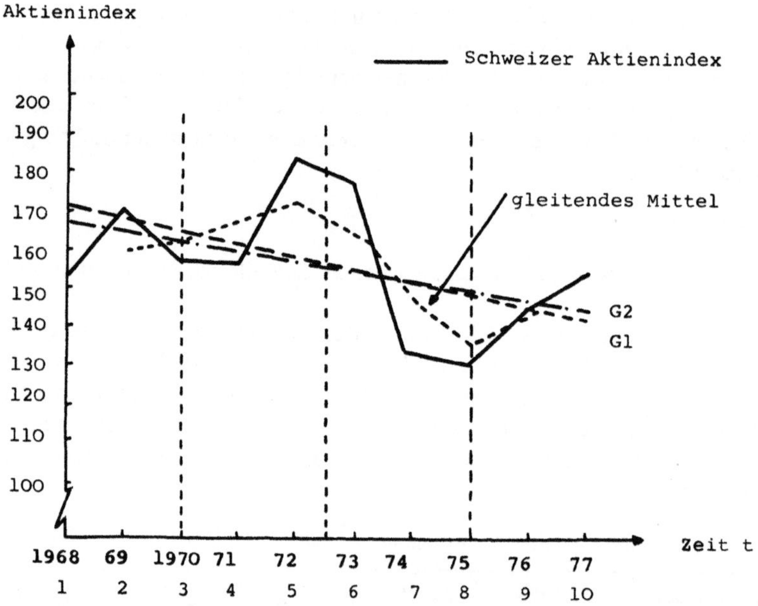

Die Halbmittelwert-Methode ist zweckmäßig, wenn es gilt, rasche Informationen über den Trend einer Zeitreihe zu gewinnen. Üblicherweise setzt man eine genauere Methode für die Trendberechnung ein, nämlich die *Methode der kleinsten Abweichungsquadrate.* Diese Methode hat den Vorteil, daß sie auch allgemein angewendet werden kann, d.h. wenn es sich um beliebige Trend-Funktionen handelt. Nach dieser Methode ist die Summe der Quadrate der Abweichungen der empirischen Zeitreihenwerte von den entsprechenden Trendwerten zu bilden; die Parameter der Trendfunktionen sind derart zu definieren, daß diese Summe ein Minimum wird. Die Definitionsbeziehung für diese Methode lautet:

$$\sum_{t=1}^{n} [y_t - f(t)]^2 = \min.$$

Für $f(t)$ kann, wie schon erwähnt, eine beliebige Trend-Funktion eingesetzt werden. Im Falle eines linearen Trends ist $f(t) = a + bt$. Die beiden Parameter a und b sollen derart sein, daß die Definitionsbeziehung erfüllt ist. Setzt man für diese Beziehung das Symbol $F(.)$ ein, wo der Punkt die zu bestimmenden Parameter andeutet – für die lineare Trend-Funktion ist $F(.) = F(a, b)$ – so wird diese Summe ein Minimum, wenn in bekannter Weise die ersten partiellen Ableitungen von $F(.)$ nach den gegebenen Parametern gleich Null gesetzt werden.

Für eine lineare Trend-Funktion erhält man somit:

$$\frac{\delta F(a, b)}{\delta a} = 0 \qquad \frac{\delta F(a, b)}{\delta b} = 0.$$

Die Definitionsbeziehung lautet in diesem Falle:

$$F(a, b) = \sum_{t=1}^{n} [y_t - (a + bt)]^2 = \min.$$

$$\frac{\delta F(a, b)}{\delta a} = - \sum_{t=1}^{n} y_t + na + b \sum_{t=1}^{n} t = 0.$$

Durch Umstellung ergibt sich:

$$\underline{na + b \sum_{t=1}^{n} t = \sum_{t=1}^{n} y_t \,.}$$

$$\frac{\delta F(a, b)}{\delta b} = - \sum_{t=1}^{n} t y_t + a \sum_{t=1}^{n} t + b \sum_{t=1}^{n} t^2 = 0$$

woraus die folgende Gleichung abgeleitet werden kann:

$$\underline{a \sum_{t=1}^{n} t + b \sum_{t=1}^{n} t^2 = \sum_{t=1}^{n} t y_t.}$$

Die beiden Gleichungen

$$\text{I.} \quad na \qquad + b \sum_{t=1}^{n} t = \sum_{t=1}^{n} y_t$$

$$\text{II.} \quad \underline{a \sum_{t=1}^{n} t + b \sum_{t=1}^{n} t^2 = \sum_{t=1}^{n} t y_t}$$

sind die Normalgleichungen, woraus die Parameter a und b bestimmt werden können.

Für das angeführte Beispiel des Aktienindex in der Schweiz soll die Trendgerade nach diesem Verfahren bestimmt werden. Die Rechnung soll der besseren Anschaulichkeit wegen an Hand der folgenden Rechentabelle ausgeführt werden.

Jahre	t	Aktienindex	t^2	$t\,y_t$
1968	1	152,4	1	152,4
1969	2	168,0	4	336,0
1970	3	156,7	9	470,1
1971	4	155,8	16	623,2
1972	5	183,2	25	916,0
1973	6	177,4	36	1064,4
1974	7	133,7	49	935,9
1975	8	130,1	64	1040,8
1976	9	144,1	81	1296,9
1977	10	152,0	100	1520,0
Summe	55	1553,4	385	8355,7

Die Summen der Zeitabszissen t_i und die der Quadrate dieser Zeitabszissen können nach den Formeln

$$\sum_{t=1}^{n} t = \frac{n(t_1 + t_n)}{2}$$

und

$$\sum_{t=1}^{n} t^2 = \frac{1}{6} n(n+1)(2n+1)$$

berechnet werden. Setzt man in der Rechentabelle die berechneten Werte in die Normalgleichungen ein, so ergibt sich das Gleichungssystem:

$$\begin{aligned} &\text{I.} \quad 10a + 55b = 1553{,}4 \\ &\text{II.} \quad \underline{55a + 385b = 8355{,}7}\,. \end{aligned}$$

Multipliziert man die erste Gleichung mit 7, so folgt daraus

$$\begin{aligned} &\text{I.} \quad 70a + 385b = 10873{,}8 \\ &\text{II.} \quad \underline{55a + 385b = 8355{,}7} \\ &\phantom{\text{II.}} \quad 15a \qquad\quad = 2518{,}1 \end{aligned}$$

$$\underline{a = 167{,}87}$$

$$\underline{b = -2{,}10.}$$

Die Trendgerade ist folglich durch die Funktion

$$\underline{y = 167{,}9 - 2{,}1\,t}$$

gegeben.

Die entsprechende Trendgerade wurde ebenfalls in die Graphik eingezeichnet (G2).

Setzt man für $f(t)$ eine quadratische Funktion, z.B. $f(t) = a + bt + ct^2$, ein, so ergeben sich nach der Methode der kleinsten Abweichungsquadrate die folgenden Normalgleichungen:

$$\frac{\delta F(a,b,c)}{\delta a} = -\sum_{t=1}^{n} y_t + na + b\sum_{t=1}^{n} t + c\sum_{t=1}^{n} t^2 = 0$$

$$\frac{\delta F(a,b,c)}{\delta b} = -\sum_{t=1}^{n} t\,y_t + a\sum_{t=1}^{n} t + b\sum_{t=1}^{n} t^2 + c\sum_{t=1}^{n} t^3 = 0$$

$$\frac{\delta F(a,b,c)}{\delta c} = -\sum_{t=1}^{n} t^2 y_t + a\sum_{t=1}^{n} t^2 + b\sum_{t=1}^{n} t^3 + c\sum_{t=1}^{n} t^4 = 0$$

die üblicherweise folgendermaßen geschrieben werden:

$$\text{I.}\quad na \quad + b\sum_{t=1}^{n} t + c\sum_{t=1}^{n} t^2 = \sum_{t=1}^{n} y_t$$

$$\text{II.}\quad a\sum_{t=1}^{n} t + b\sum_{t=1}^{n} t^2 + c\sum_{t=1}^{n} t^3 = \sum_{t=1}^{n} t\,y_t$$

$$\text{III.}\quad a\sum_{t=1}^{n} t^2 + b\sum_{t=1}^{n} t^3 + c\sum_{t=1}^{n} t^4 = \sum_{t=1}^{n} t^2 y_t .$$

Vergleicht man dieses Normalgleichungs-System mit jenem für eine lineare Funktion, kann leicht das Bildungsgesetz des Normalgleichungs-Systems für eine Funktion p-ter Ordnung abgeleitet werden. Ein solches allgemeines System kann übersichtlich in Matrizenform dargestellt werden:

$$\begin{vmatrix} n & \Sigma t & \Sigma t^2 & \cdots & \Sigma t^p \\ \Sigma t & \Sigma t^2 & \Sigma t^3 & \cdots & \Sigma t^{p+1} \\ \cdots & \cdots & \cdots & \cdots & \cdots \\ \Sigma t^p & \Sigma t^{p+1} & \Sigma t^{p+2} & \cdots & \Sigma t^{2p} \end{vmatrix} \begin{vmatrix} a_1 \\ a_2 \\ \vdots \\ a_p \end{vmatrix} = \begin{vmatrix} \Sigma y_t \\ \Sigma t\, y_t \\ \vdots \\ \Sigma t^p y_t \end{vmatrix} .$$

Hier wurde zur besseren Darstellung wegen $a = a_1$, $b = a_2$, $c = a_3$ usw. gesetzt (die Summationen gehen stets von 1 bis n).

Die Berechnung kann wesentlich vereinfacht werden, wenn die Zeitabszisse durch eine geeignete Koordinatentransformation so gewählt wird, daß die Summe aller ungeraden Potenzen von t verschwinden. Das trifft zu, wenn man die Null-Abszisse $t = 0$ in die Mitte des Beobachtungszeitraumes verlegt, wobei dann gleichviele t-Werte ein negatives und ebensoviele ein positives Vorzeichen aufweisen, ihre algebraische Summe folglich verschwindet. Diese transformierte Zeitabszisse ist t'.

Der lineare Trend gibt die Richtung an, in welcher sich die Zeitreihe voraussichtlich entwickeln wird. Die empirische Zeitreihe wird aber Abweichungen von dieser Richtung aufzeigen. Über diese Abweichungen oder Fehler können verschiedene Annahmen getroffen werden. Eine solche Annahme besteht darin, daß die Fehler um den Trend normalverteilt und in der Zeit konstant sind, d.h. daß kleine Abweichungen vom Trend zeitlich häufiger vorkommen als große Abweichungen, und daß sich dieses Muster zeitlich nicht verändert. Diese Annahme geht auf Schultz und R.A. Fisher zurück. Sie ist aber bei wirtschaftlichen Zeitreihen kaum vertretbar.

Eine wirklichkeitsnähere Annahme wurde von Davis aufgestellt. Sie besagt, daß die Fehler um den Trend von der Extrapolationsperiode abhängen, und daß die Extrapolationsperiode die Länge der Zeitreihe nicht überschreiten sollte. Je mehr man die Trendentwicklung in die Zukunft hinausführt, desto größer werden die voraussichtlichen Abweichungen der zu erwartenden empirischen Werte von den entsprechenden Trendwerten sein. Das gilt nicht nur für lineare, sondern auch für nichtlineare Trendkurven.

Die Trendfunktion sei durch die Beziehung

$$y_{Tr}(t) = f(t; a, b, c, \ldots)$$

gegeben, wo t die Zeitabszisse und die Werte $a, b, c, \ldots$ Parameter der Trendfunktion bedeuten. Diese Parameter werden beispielsweise nach der Methode der kleinsten Abweichungsquadrate bestimmt. Ihre Werte seien $a_0, b_0, c_0 \ldots$ Dadurch ergibt sich die zahlenmäßig bestimmte Trendfunktion

$$y_{Tr_0}(t) = f(t; a_0, b_0, c_0, \ldots).$$

Zwischen diesen theoretischen Werten oder Trendwerten und den entsprechenden empirischen Zeitreihenwerten $y_e(t)$ ergeben sich Differenzen, die durch die folgende Beziehung gekennzeichnet sind:

$$\Delta(t) = [y_e(t) - y_{Tr_0}(t)].$$

Die Streuung errechnet sich dann auf Grund der folgenden Beziehung:

$$\sigma_{Tr}^2 = \frac{1}{n} \sum_{t=1}^{n} [y_e(t) - y_{Tr_0}(t)]^2$$

$$= \frac{1}{n} \sum_{t=1}^{n} \Delta^2(t)$$

wo n die Anzahl der beobachteten Zeitreihenwerte $y(t)$ bezeichnet. Der Fehler der Streuung hängt vom Grad der Trendfunktion ab, d.h. von der Anzahl berücksichtigter Parameter. Er kann durch die folgende Beziehung ausgedrückt werden:

$$\epsilon^2 = \frac{n}{n-s} \sigma_{Tr}^2 = \frac{\sum_{t=1}^{n} \Delta^2(t)}{n-s}$$

wo s die Anzahl der in der Trendfunktion berücksichtigten Parameter angibt. Die Streuung um den Trend hängt nun, nach der Annahme von Davis, von der Länge des extrapolierten Zeitraumes ab, was wie folgt dargestellt werden kann:

$$\sigma_f^2(t) = \frac{\epsilon^2}{n} \cdot g(t)$$

wo $\sigma_f^2(t)$ die Streuung um den Trend und $g(t)$ eine Funktion darstellen, die diese Abhängigkeit der Streuung von der Länge des extrapolierten Zeitraumes bezeichnen. Für einen linearen Trend findet man:

$$\sigma_f^2(t) = \frac{\sigma_{Tr}^2}{n-2} g(t)$$

da in diesem Falle $s = 2$ ist ($n - 2$ = Anzahl Freiheitgrade bei linearem Trend).

Um die gesuchte Streuung um den linearen Trend zu bestimmen, ist die Funktion $g(t)$ zu ermitteln. *Schultz* [1970] hat gezeigt, daß sich für $g(t)$ der Ausdruck

$$\left(1 + \frac{12}{n^2 - 1} t^2\right)$$

ergibt. Die Streuung um den linearen Trend ist dann:

$$\sigma_f^2(t) = \frac{\sigma_{Tr}^2}{n-2} \left[1 + \frac{12}{n^2 - 1} t^2\right].$$

Erstreckt sich die Voraussage der Zeitreihe über m Zeiteinheiten, wobei für den jüngsten Beobachtungswert $m = 0$ ist, so reicht p von 0 bis $n/2 + m$, da bei $p = 0$ die Zeitreihe halbiert wird ($n/2$). Der Extrapolationszeitraum kann also durch $p = n/2 + m =$ $= (n + 2m)/2$ ausgedrückt werden. Nun wird aber angenommen, daß der Extrapolationszeitraum nicht größer sein soll als die Länge der Zeitreihe, d.h. also $0 \leqslant m \leqslant n$.

Setzt man in die Beziehung für $\sigma_f^2(t)$ anstelle von t die transformierte Abszisse $(n + 2m)/2$ ein, und berücksichtigt man in der Formel für $\sigma_f^2(t)$, die für $m = 1$ gilt, daß m auch andere Werte annehmen kann, so erhält man die Streuung für die Voraussage bei linearem Trend:

$$\underline{\sigma^2(m) = \frac{\sigma_{Tr}^2}{n-2} \left[m + \frac{12m}{n^2 - m^2} \cdot \left(\frac{n + 2m}{2}\right)^2\right]}$$

$$\underline{= \frac{\sigma_{Tr}^2}{n-2} m \left[1 + \frac{3(n + 2m)^2}{n^2 - m^2}\right]}.$$

Für $m = 0$ wird $\sigma^2(m) = 0$, und für $m = n$ wird $\sigma^2(m) = \infty$.

Das angeführte Beispiel des Aktienindexes in den Jahren 1968 bis 1977 soll nun für eine Prognose herangezogen werden. Es soll dabei der schon berechnete lineare Trend und die entsprechenden Streuungsgrenzen in die Zukunft projiziert werden. Die folgende Tabelle vermittelt die Trendwerte innerhalb des Beobachtungszeitraumes 1968 bis 1977.

Jahre	t	t'	Aktienindex y_e	Trendwert y_{Tr}
1968	1	–4,5	152,4	165,8
1969	2	–3,5	168,0	163,7
1970	3	–2,5	156,7	161,6
1971	4	–1,5	155,8	159,5
1972	5	–0,5	183,2	157,4
1973	6	0,5	177,4	155,3
1974	7	1,5	133,7	153,2
1975	8	2,5	130,1	151,1
1976	9	3,5	144,1	149,0
1977	10	4,5	152,0	146,9

Nun sollen die folgenden Jahre extrapoliert werden, wobei auch die Streuungsgrenzen gemäß Formel für $\sigma^2(m)$ berücksichtigt werden sollen ($\sigma^2_{Tr} = 226{,}107$).

Jahre	t	m	Aktienindex y_{Tr}	$\pm\sigma(m)$
1978	11	1	144,8	12,3
1979	12	2	142,7	20,1
1980	13	3	140,6	28,3
1981	14	4	138,5	37,7
1982	15	5	136,4	49,0
1983	16	6	134,3	63,4
1984	17	7	132,2	83,1
1985	18	8	130,1	113,9
1986	19	9	128,0	178,2
1987	20	10	125,9	∞

Es zeigt sich, daß die Streuungsgrenzen immer größer werden, je weiter in die Zukunft extrapoliert wird. So stellen sich diese Grenzen für die Voraussage im Jahre 1983 auf 134,3 ± 63,4 d.h. zwischen 70,9 und 197,7, wobei 134,3 der Wert im Jahre 1983 auf Grund der linearen Extrapolation darstellt.

Mit Hilfe dieser Methode der kleinsten Abweichungsquadrate kann jede beliebige empirische Zeitreihe durch eine mathematische Funktion modellmäßig dargestellt werden. Oft aber ist ein solches Modell zu abstrakt und mathematisch, weshalb versucht wird, nach anderen Verfahren den Verlauf einer empirischen Zeitreihe darzustellen, ohne den charakteristischen Verlauf der Zeitreihe zu stark zu idealisieren. Ein solches Verfahren ist das der *gleitenden Mittel*.

Nach dieser Methode werden jeweils bestimmte Merkmalswerte zusammengezogen und durch ihr arithmetisches Mittel gekennzeichnet, wobei die Gruppenbildung sich gleitend über die ganze Zeitreihe erstreckt. Durch eine geeignete Wahl der Zahl der Merkmalswerte, die zu einer Gruppe zusammengezogen werden, kann der Verlauf der Zeitreihe mehr oder weniger idealisiert werden. Bei kleinen Gruppen wird dieser Verlauf weniger idealisiert, bei größeren Gruppen aber mehr. Im Extremfalle, wo sich die Gruppe über die ganze Zeitreihe erstreckt, wird der Verlauf durch das arithmetische Mittel aus allen Merkmalswerten der Zeitreihe dargestellt.

Das Vorgehen bei diesem Verfahren geht aus dem folgenden Schema, wo Gruppen zu je 3 Merkmalswerten gebildet werden (3-gliedriges gleitendes Mittel), hervor:

$$y_1 \quad y_2 \quad y_3 \quad y_4 \quad y_5 \quad y_6 \ldots y_n$$

$$y'_1 \quad y'_2 \quad y'_3 \quad y'_4 \quad \ldots$$

wo

$$y'_1 = \frac{y_1 + y_2 + y_3}{3}$$

$$y'_2 = \frac{y_2 + y_3 + y_4}{3}$$

$$y'_3 = \frac{y_3 + y_4 + y_5}{3}$$

$$y'_4 = \frac{y_4 + y_5 + y_6}{3} \quad \text{usw.}$$

sind. Bei einem 5-gliedrigen gleitenden Mittel werden jeweils 5 Merkmalswerte zusammengefaßt, usw. In der Regel wird eine ungerade Zahl von Merkmalswerten zu einer Gruppe zusammengefaßt, weil dann der Mittelwert einem bestimmten, dem mittleren Wert der Gruppe, zugeordnet werden kann.

Für das Beispiel des Aktienindexes in der Schweiz soll das 3-gliedrige gleitende Mittel berechnet werden.

Jahre	Aktienindex y_t	3-gliedrige gleitende Mittel
1968	152,4	•
1969	168,0	159,0
1970	156,7	160,2
1971	155,8	165,2
1972	183,2	172,1
1973	177,4	164,8
1974	133,7	147,1
1975	130,1	136,0
1976	144,1	142,1
1977	152,0	•

Dieses gleitende Mittel ist als gestrichelter Streckenzug in die Abbildung des Aktienindexes eingetragen. Das Bild zeigt jetzt, daß durch diese Methode eine Glättung des Kurvenverlaufes erzielt wird.

Dieses gleitende Mittel kann nun etwas anders dargestellt werden. Es soll angenommen werden, daß die zu einer Gruppe zusammengefaßten Merkmalswerte durch einen linearen Trend ersetzt werden sollen. Die eine Gruppe bildenden Merkmalswerte sind:

$$y_{-m}, y_{-m+1}, \ldots, y_{-1} \;\; y_0 \;\; y_1 \;\; \ldots \;\; y_{m-1} \;\; y_m$$

wo y_0 in der Mitte der Gruppe liegt.

Für $m = 1$ enthält die Gruppe 3 Merkmalswerte, für $m = 2$ hingegen 5 Merkmalswerte, usw. Gesucht ist aus $2m + 1$ Merkmalswerten jeweils nur ein Merkmalswert, für welchen $t = 0$ ist, d.h. das mittlere Glied der Gruppe. Die Trendwerte sind durch die Beziehung

$$y_t = a + bt$$

bestimmt; gesucht ist also jener Merkmalswert auf der Trendgeraden, für welchen $t = 0$ ist, d.h. also der Wert $a\,(y_t' = a)$. Nach der Methode der kleinsten Abweichungsquadrate ergibt sich bekanntlich das folgende Normalgleichungs-System:

$$\begin{aligned} &\text{I.} \quad na + b \sum_{t=-m}^{m} t = \sum_{t=-m}^{m} y_t \\ &\text{II.} \quad a \sum_{t=-m}^{m} t + b \sum_{t=-m}^{m} t^2 = \sum_{t=-m}^{m} t\, y_t . \end{aligned}$$

Da in unserem Falle $\Sigma t = 0$ ist, kann der Wert a aus der Beziehung I. ermittelt werden; er ist

$$a = \frac{\sum_{t=-m}^{m} y_t}{n}$$

d.h. gleich dem vorher berechneten gleitenden Mittel. Dieses stellt also eine lineare Interpolation der Merkmalswerte in einer Gruppe dar; dies gilt für Gruppen mit beliebig vielen Merkmalswerten.

Diese Interpretation des gleitenden Mittels legt eine Verallgemeinerung nahe. So kann man die Merkmalswerte in einer Gruppe durch eine beliebige andere Funktion interpolieren, z.B. durch eine quadratische, kubische Funktion usw. In diesen Fällen lautet die Interpolations-Funktion

$$a + bt + ct^2 \quad \text{bzw.} \quad a + bt + ct^2 + dt^3 .$$

Auch hier interessiert der Funktionswert für $t = 0$.

Für die quadratische Funktion ergibt sich auf Grund der Methode der kleinsten Abweichungsquadrate das folgende Normalgleichungs-System:

$$\begin{aligned} &\text{I.} \quad na + c \sum_{t=-m}^{m} t^2 = \sum_{t=-m}^{m} y_t \\ &\text{II.} \quad b \sum_{t=-m}^{m} t^2 = \sum_{t=-m}^{m} t\, y_t \end{aligned}$$

$$\text{III. } a \sum_{t=-m}^{m} t^2 + \qquad c \sum_{t=-m}^{m} t^4 = \sum_{t=-m}^{m} t^2 y_t .$$

Zu bestimmen ist der Parameter a. Dieser kann aus den Gleichungen I. und III. ermittelt werden.

Unterstellt man Gruppen mit je 5 Merkmalswerten ($y_{-2}, y_{-1}, y_0, y_1, y_2$), so nehmen die Normalgleichungen I. und III. die folgende Form an:

$$\text{I.} \quad 5a + 10c = \sum_{t=-2}^{2} y_t$$

$$\text{III.} \quad 10a + 34c = \sum_{t=-2}^{2} t^2 y_t .$$

Daraus ergibt sich:

$$\underline{a = \frac{1}{35}(-3y_{-2} + 12y_{-1} + 17y_0 + 12y_1 - 3y_2).}$$

Die einzelnen Merkmalswerte innerhalb der Gruppe sind nun mit den Faktoren (– 3, 12, 17, 12, – 3) gewichtet. Die Faktoren sind bezüglich y_0 symmetrisch (gewogenes, gleitendes Mittel).

Legt man aber Gruppen mit je 7 Merkmalswerten zugrunde, so führt dies zu folgenden Normalgleichungen:

$$\text{I.} \quad 7a + 28c = \sum_{t=-3}^{3} y_t$$

$$\text{III.} \quad 28a + 196c = \sum_{t=-3}^{3} t^2 y_t .$$

Daraus läßt sich a berechnen:

$$\underline{a = \frac{1}{21}(-2y_{-3} + 3y_{-2} + 6y_{-1} + 7y_0 + 6y_1 + 3y_2 - 2y_3) .}$$

Diese beiden Beziehungen für das gleitende Mittel (5- und 7-gliedrig) können auch folgendermaßen geschrieben werden:

$$a = -\frac{3}{35}y_{-2} + \frac{12}{35}y_{-1} + \frac{17}{35}y_0 + \frac{12}{35}y_1 - \frac{3}{35}y_2$$

bzw.

$$a = -\frac{2}{21}y_{-3} + \frac{3}{21}y_{-2} + \frac{6}{21}y_{-1} + \frac{7}{21}y_0 + \frac{6}{21}y_1 + \frac{3}{21}y_2 - \frac{2}{21}y_3 .$$

Für die Beziehungen kann ganz allgemein geschrieben werden:

$$\underline{a_t = \sum_{i=-m}^{m} k_i y_{t+i} .}$$

Dieser Ausdruck stellt die allgemeine Form des gleitenden Mittels dar. Im vorliegenden Falle sind die Werte y_t Merkmalswerte einer Zeitreihe. An ihre Stelle können aber auch beliebige Zufallsvariable e_t treten.

Durch die Methode des gleitenden Mittels wird eine Zeitreihe (in der Regel die ursprüngliche Zeitreihe) in eine andere umgewandelt, indem eine bestimmte Anzahl Merkmalswerte der ursprünglichen Zeitreihe zusammengefaßt werden. Dieser Vorgang der Umwandlung oder Transformation einer Zeitreihe in eine andere nennt man *Filterung*. Den Transformations-Algorithmus bezeichnet man als Filter. Beim gleitenden Mittel ist dieser Algorithmus durch die Mittelwertbildung gegeben. Das gleitende Mittel stellt einen linearen Filter dar, der durch die Beziehung

$$y'_t = \sum_{i=-m}^{m} k_i y_{t+i}$$

gekennzeichnet ist. Lineare Filter sind Summen von linear gewichteten Merkmalswerten, wobei die Summe der Gewichte gleich 1 ist. Diese Gewichte stellen den Filter dar. Bleiben die Gewichte zeitlich unverändert, spricht man von einem zeit-invarianten Filter.

Ein anderer vor allem in den Wirtschaftswissenschaften verwendeter Filter ist die Differenzenbildung. Hier werden die Differenzen

$$\Delta y_t = y_t - y_{t-1}$$

gebildet. Diese Differenzbildung kann so lange fortgesetzt werden, bis die Zeitreihe stationär wird. So unterscheidet man Differenzen erster Ordnung, wie die soeben angegebene Differenz. Differenzen zweiter und höherer Ordnung sind:

$$\Delta^2 y_t = \Delta y_t - \Delta y_{t-1} = y_t - y_{t-1} - y_{t-1} + y_{t-2} = y_t - 2y_{t-1} + y_{t-2}$$

$$\Delta^3 y_t = \Delta^2 y_t - \Delta^2 y_{t-1} = y_t - 3y_{t-1} + 3y_{t-2} - y_{t-3}$$

und allgemein

$$\Delta^n y_t = \Delta^{n-1} y_t - \Delta^{n-1} y_{t-1} = \sum_{i=0}^{n} (-1)^i \binom{n}{i} y_{t-i} .$$

Oft ist es notwendig mehrere Filter nacheinander einzusetzen. So werden die Merkmalswerte y_t durch einen ersten Filter in die Merkmalswerte y'_t transformiert, diese wiederum durch einen zweiten Filter in die Werte y''_t umgewandelt usw. Ein solcher wiederholter Einsatz von Filtern ist beispielsweise dann gegeben, wenn für eine Zeitreihe das gleitende Mittel berechnet wird, und hernach für die Werte dieses gleitenden Mittels wiederum das gleitende Mittel als Filter eingesetzt wird usw. Für ein dreigliedriges gleitendes Mittel ergibt sich z.B. der folgende Filtervorgang:

ursprüngliche Zeitreihe:

$$y_1 \quad y_2 \quad y_3 \quad y_4 \quad y_5 \quad y_6 \ldots y_n$$

1. Filter:

$$y_1' = \frac{y_1 + y_2 + y_3}{3} \quad y_2' = \frac{y_2 + y_3 + y_4}{3} \quad y_3' = \frac{y_3 + y_4 + y_5}{3} \text{ usw.}$$

2. Filter:

$$y_1'' = \frac{y_1' + y_2' + y_3'}{3} = \frac{y_1 + 2y_2 + 3y_3 + 2y_4 + y_5}{3^2}$$

$$y_2'' = \frac{y_2' + y_3' + y_4'}{3} = \frac{y_2 + 2y_3 + 3y_4 + 2y_5 + y_6}{3^2}$$

usw.

Das gleitende Mittel führt auch zu einer weiteren Methode, die *exponentielle Glättung,* die eigentlich für Prognosen eingesetzt wird. Trotzdem soll dieses Verfahren hier kurz dargelegt werden. Beim gleitenden Mittel wird eine Gruppe von Merkmalswerten durch das arithmetische Mittel zusammengefaßt, das an Stelle des mittleren Wertes dieser Gruppe eingesetzt wird. Bei stationären Zeitreihen kann man diesen Mittelwert aber auch an die Stelle des jüngsten Wertes der Gruppe setzen. Die Grundbeziehung des gleitenden Mittels lautet in dieser Auslegung folgendermaßen:

$$y_n = \frac{y_n + y_{n-1} + y_{n-2} + \ldots + y_{n-k}}{k+1} \, .$$

Weiter kann die Beziehung

$$y_{n+1} = \frac{y_{n+1} + y_n + y_{n-1} + \ldots + y_{n-k+1}}{k+1}$$

aufgestellt werden. Subtrahiert man die erstere von der letzteren, so ergibt sich:

$$y_{n+1} - y_n = \frac{y_{n+1} - y_{n-k}}{k+1}$$

oder

$$y_{n+1} = y_n + \frac{y_{n+1} - y_{n-k}}{k+1} \, .$$

Der Ausdruck $(y_{n+1} - y_{n-k})$ ist die Differenz zwischen dem ersten und letzten Wert der Gruppe von Merkmalswerten. Jedoch nicht diese Differenz, sondern die zwischen dem letzten und vorletzten Merkmalswert der Gruppe, d.h. die Differenz $(y_{n+1} - y_n)$, interessiert uns.

Bei einer stationären Reihe kann diese Differenz in die obige Beziehung eingesetzt werden; es ergibt sich dann:

$$y_{n+1} = y_n + \frac{y_{n+1} - y_n}{k+1} = \frac{1}{k+1} y_{n+1} + \left(1 - \frac{1}{k+1}\right) y_n.$$

Hier ist $1/(k + 1) < 1$. Für diesen Faktor setzen wir α ein. Das führt zur folgenden Formel:

$$y_{n+1} = \alpha y_{n+1} + (1 - \alpha) y_n$$

oder

$$y_n = \alpha y_n + (1 - \alpha) y_{n-1}.$$

Dieser Ausdruck für y_n stellt eine Schätzung des Wertes für y_{n+1} dar, d.h.

$$y_n = \hat{y}_{n+1}.$$

Berücksichtigt man diese Annahme, so ergibt sich:

$$\hat{y}_{n+1} = \alpha y_n + (1 - \alpha) y_{n-1}.$$

An Stelle von y_{n-1} kann der Ausdruck

$$y_{n-1} = \alpha y_{n-1} + (1 - \alpha) y_{n-2}$$

gesetzt werden; d.h.

$$\hat{y}_{n+1} = \alpha y_n + (1 - \alpha) [\alpha y_{n-1} + (1 - \alpha) y_{n-2}].$$

Durch weiteres Ersetzen erhält man:

$$\hat{y}_{n+1} = \alpha y_n + \alpha(1 - \alpha) y_{n-1} + \alpha(1 - \alpha)^2 y_{n-2} + \ldots + (1 - \alpha)^k y_{n-k}.$$

Strebt k gegen unendlich, kann dieser Ausdruck folgendermaßen geschrieben werden:

$$\underline{\hat{y}_{n+1} = \alpha \sum_{k=0}^{\infty} (1 - \alpha)^k y_{n-k}.}$$

Diese Beziehung für die exponentielle Glättung stellt eine Verallgemeinerung der Beziehung für das gleitende Mittel

$$y_t = \sum_{i=-k}^{k} \alpha_i y_{t-i}$$

dar.

Ist k sehr groß, so wird $(1 - \alpha)^k$ sehr klein, d.h. die Einwirkung der Werte y_{n-k} wird immer schwächer. Die Summe der Gewichte ist gleich

$$\alpha(1 - \alpha)^0 + \alpha(1 - \alpha) + \alpha(1 - \alpha)^2 + \ldots = 1.$$

Die Glättungskonstante α bewirkt eine bestimmte Gewichtung der vorhergehenden Merkmalswerte der Zeitreihe. Ist α klein, werden mehr Merkmalswerte aus ferneren Zeitpunkten berücksichtigt, ist aber α groß, wirken sich nur die jüngsten Merkmalswerte der Zeitreihe auf den geschätzten Wert aus.

Der Parameter α kann zwischen 0 und 1 schwanken; er ist also von Fall zu Fall festzulegen. Es stellt sich deshalb die Frage, welchen Wert dieser Parameter am zweckmäßigsten annehmen sollte. Um diese Frage zu beantworten, kann man davon ausgehen, daß die exponentielle Glättung aus dem gleitenden Durchschnitt hervorgegangen ist. Beim gleitenden Durchschnitt berücksichtigt man eine gegebene Anzahl Merkmalswerte, die alle das gleiche Gewicht aufweisen. Ist diese Anzahl gleich k, so ist das Gewicht eines jeden Merkmalswertes $1/k$. Bei der exponentiellen Glättung sind diese Gewichte nicht alle gleich; sie nehmen für frühere Werte der Zeitreihe exponentiell ab.

Geht man von der Annahme aus, daß so viele Werte bei der exponentiellen Glättung zu berücksichtigen sind, wie sie angenähert einem gleitenden Durchschnitt mit k Werten entsprechen, so kann man für beide Glättungsverfahren das durchschnittliche Alter der Merkmalswerte bestimmen und einander gleichsetzen.

Für das gleitende Mittel ergibt sich das durchschnittliche Alter der Merkmalswerte aus folgender Beziehung:

$$\frac{0 + 1 + 2 + \cdots + (k-2) + (k-1)}{k}.$$

Der jüngste Merkmalswert ist 0 Perioden alt, der zweitjüngste Wert 1 Periode usw. Die Summe im Zähler ist gleich

$$\sum_{i=0}^{k-1} i = \frac{k(k-1)}{2}.$$

Somit ergibt sich das mittlere Alter der Merkmalswerte zu $(k-1)/2$.

Bei der exponentiellen Glättung hingegen ist das mittlere Alter der Merkmalswerte durch die folgende Beziehung gegeben:

$$0 \cdot \alpha + 1\alpha(1-\alpha) + 2\alpha(1-\alpha)^2 + 3\alpha(1-\alpha)^3 + \ldots = \alpha \sum_{i=0}^{\infty} i(1-\alpha)^i.$$

Es handelt sich hier um eine zusammengesetzte arithmetisch-geometrische Reihe. Da aber $0 < (1-\alpha) < 1$ ist, kann für die Summe der Ausdruck

$$\frac{(1-\alpha)}{\alpha^2}$$

gesetzt werden. Somit ergibt sich in diesem Falle das mittlere Alter der Merkmalswerte zu

$$\alpha \frac{(1-\alpha)}{\alpha^2} = \frac{1-\alpha}{\alpha}.$$

Setzt man diese beiden durchschnittlichen Alter der Merkmalswerte einander gleich, so ergibt sich:

$$\frac{k-1}{2}=\frac{1-\alpha}{\alpha}$$

woraus sich der Wert des Parameters α berechnen läßt:

$$\alpha=\frac{2}{k+1}.$$

Einem 7-gliedrigen gleitenden Durchschnitt ($k = 7$) entspricht unter der eingeführten Annahme (Äquivalenz zwischen gleitendem Durchschnitt und exponentieller Glättung) die Glättungskonstante $\alpha = 0{,}25$.

Wird angenommen, daß ein Wert einer Zeitreihe direkt von den zeitlich vorhergehenden Werten abhängt, spricht man von einem *Autoregressions-Modell*. Ein allgemeines Autoregressions-Modell ist durch die folgende Beziehung gegeben:

$$y_t = a_1\, y_{t-1} + a_2\, y_{t-2} + \ \ldots + a_m\, y_{t-m} + e_t$$

wo e_t eine Zufallsvariable darstellt.

Solche Modelle wurden um 1920 von G.U. Yule eingeführt. Das einfachste Autoregressions-Modell ergibt sich, wenn $m = 1$ gesetzt wird, d.h.

$$y_t = a\, y_{t-1} + e_t.$$

Dieses Modell ist auch unter der Bezeichnung Markov-Modell bekannt.

Das autoregressive Modell läßt sich folgendermaßen umformen:

(1) $\quad y_t = e_t + a\, y_{t-1}$

(2) $\quad y_{t-1} = e_{t-1} + a\, y_{t-2}.$

Substitution von (2) in (1) ergibt:

(3) $\quad y_t = e_t + a(e_{t-1} + a\, y_{t-2}) = e_t + a\, e_{t-1} + a^2 y_{t-2}$

(4) $\quad y_{t-2} = e_{t-2} + a\, y_{t-3}.$

Substitution von (4) in (3) ergibt:

(5) $\quad y_t = e_t + a\, e_{t-1} + a^2(e_{t-2} + a\, y_{t-3}) =$

$\quad\quad = e_t + a\, e_{t-1} + a^2 e_{t-2} + a^3 y_{t-3}$ usw.

Ganz allgemein gilt:

$$y_t = e_t + a\, e_{t-1} + a^2 e_{t-2} + \ \ldots = \sum_{i=0}^{t-1} a^i e_{t-i} + a^t y_0.$$

Das gleitende Mittel wird in der Literatur häufig auch als MA-Prozeß bezeichnet (MA = Moving Average). Der autoregressive Prozeß wird durch AR (Autoregressive Process) abgekürzt. Beide Modelle können vereinigt werden; das so entstehende Model wird ARMA-Modell genannt.

Ein auf dem Gebiete der Bevölkerungs- und Wirtschaftsstatistik häufig verwendetes Modell ist das der *logistischen Funktion*. Diese gehört in die Gruppe der Wachstums-Funktionen. Wachstums-Prozesse sind dadurch gekennzeichnet, daß anfangs überproportionale und später unterproportionale Zunahmen festzustellen sind, wobei sich die Entwicklung asymptotisch einer Wachstumsgrenze (Sättigungsgrenze) nähert. Graphisch äußert sich diese Entwicklung durch eine *S*-förmige Kurve. Solche Wachstums-Prozesse finden sich bei Bevölkerungsentwicklungen, die nicht unbeschränkt zunehmen können, oder auch bei Produktionsprozessen, wo ebenfalls eine Produktionsgrenze nach oben besteht.

Die Wachstums-Funktionen sind vor allem in der Versicherungsmathematik gebräuchlich. Bekannt ist hier vor allem die Gompertz-Funktion, die durch folgenden mathematischen Ausdruck gekennzeichnet ist:

$$y = k \cdot a^{bt} \qquad (b < 1).$$

Diese Funktion gehört in die Gruppe der Exponentialfunktionen. Dieser Gruppe wird auch die logistische Funktion zugeordnet. Es gibt verschiedene Arten der logistischen Funktion, die von einfachen bis zu komplizierten Formen reichen. Die allgemeine Beziehung der logistischen Kurve lautet:

$$y = \frac{k}{1 + be^{f(t)}}$$

wo $f(t)$ eine beliebige Funktion von t darstellt. Setzt man für $f(t)$ die einfache Beziehung $-at$ ein, so folgt die vereinfachte logistische Funktion:

$$y = \frac{k}{1 + be^{-at}}.$$

Die logistische Funktion soll erstmals von Verhulst im Jahre 1844 für demographische Zwecke verwendet worden sein. In den Wirtschaftswissenschaften wurde sie vor allem von Kuznets eingesetzt.

Diese Funktion ist durch 3 Parameter gekennzeichnet. Für $a > 0$ ergibt sich die S-förmige Wachstums-Kurve; ist aber $a < 0$, so ergibt sich das Spiegelbild dieser Wachstums-Kurve. Der Parameter k gibt die Sättigungsgrenze an. Auf halber Sättigungsgrenze ($y = k/2$) findet sich der Wendepunkt dieser Kurve.

Will man eine empirisch gegebene Folge von Merkmalswerten durch die logistische Funktion darstellen, müssen die genannten 3 Parameter bestimmt werden. Von den entwickelten Verfahren, um diese Parameter zu ermitteln, soll jenes von Hotelling kurz dargestellt werden.

Danach wird zuerst die erste Ableitung der logistischen Funktion nach t bestimmt:

$$\frac{dy}{dt} = k(1 + be^{-at})^{-2}\, abe^{-at}.$$

Aus der logistischen Funktion folgt, daß der Nenner hier durch k/y ersetzt werden kann, woraus sich weiter der folgende Ausdruck ableiten läßt:

$$abe^{-at} = a\left(\frac{k}{y} - 1\right).$$

Setzt man diesen Ausdruck in die erste Ableitung ein, folgt unmittelbar

$$\frac{dy}{dt} = y\left(a - \frac{a}{k}y\right)$$

oder weiter:

$$\frac{1}{y}\frac{dy}{dt} = a - \left(\frac{a}{k}\right)y.$$

Geht man für praktische Zwecke vom Differential- zum Differenzenquotienten über, so läßt sich schreiben:

$$\frac{1}{y} \cdot \frac{\Delta y}{\Delta t} = a - \left(\frac{a}{k}\right)y.$$

Setzt man weiter $\Delta t = 1$, so ergibt sich:

$$\underline{D = \frac{\Delta y}{y} = a - \left(\frac{a}{k}\right)y}$$

d.h. eine lineare Funktion. Nunmehr kann man die Parameter a und $-a/k = q$ nach der Methode der kleinsten Abweichungsquadrate berechnen. Dadurch erhält man die beiden Parameter a und k; der dritte Parameter b muß gesondert bestimmt werden.

Zu diesem Zweck übernimmt man das Ergebnis

$$be^{-at} = \frac{k}{y} - 1 = \frac{k-y}{y}.$$

Daraus läßt sich der gesuchte Parameter berechnen:

$$\underline{b = \frac{k-y}{y}e^{at}.}$$

Für die einzelnen Abszissenwerte t ergeben sich bestimmte Werte von b. Leider aber werden diese Werte von b nicht alle gleich groß sein. Aus diesem Grunde muß angenähert mit dem Erwartungswert von b, d.h. dem arithmetischen Mittel aus allen Werten von b vorlieb genommen werden.

Dies ist die schwächste Stelle dieses Verfahrens; je nachdem die Streuung der b-Werte um den Mittelwert groß oder klein ist, wird die logistische Kurve sich schlechter oder besser an die empirischen Merkmalswerte anpassen.

Das Verfahren von Hotelling soll mit Hilfe des folgenden Beispiels, Stromerzeugung der Kernkraftwerke (einschließlich thermischer Kraftwerke) in der Schweiz von 1963/64 bis 1976/77, erläutert werden. Die Zeitpunkte beziehen sich jeweils auf das hydrographische Jahr, das sich vom 1. Oktober bis 30. September der nächsten Jahres erstreckt. Der besseren Anschaulichkeit wegen soll die Rechnung auf Grund des nachfolgenden Rechenschemas erfolgen.

Jahre[2])	KKW Energie y_t (Mia KWh)	Δy_t $(y_{t+1} - y_t)$	$D_t = \frac{\Delta y}{y}$	y_t^2	t	$\frac{k - y_t}{y_t}$ $(k = 9{,}448)$	e^{at} $(a = 0{,}742)$	b_t (7) × (8)	Theoretischer Wert y'_t
(1)	(2)	(3)	(4)	(5)	(6)	(7)	(8)	(9)	(10)
1963/64	0,201	0,246	1,22388	0,040401	0	46,005	1	46,005	0,084
1964/65	0,447	0,071	0,15884	0,199809	1	20,137	2,101	42,308	0,175
1965/66	0,518	0,305	0,58880	0,268324	2	17,239	4,413	76,076	0,359
1966/67	0,823	0,327	0,39733	0,677329	3	10,480	9,271	97,160	0,725
1967/68	1,150	0,371	0,32261	1,322500	4	7,216	19,476	140,539	1,404
1968/69	1,521	2,322	1,52663	2,313441	5	5,212	40,914	213,244	2,535
1969/70	3,843	–0,546	–0,14208	14,768649	6	1,459	85,951	125,408	4,111
1970/71	3,297	2,638	0,80012	10,870209	7	1,866	180,563	336,931	5,839
1971/72	5,935	2,816	0,47447	35,224225	8	0,592	379,318	224,556	7,300
1972/73	8,751	–0,425	–0,04857	76,580001	9	0,080	796,954	63,748	8,288
1973/74	8,326	0,887	0,10653	69,322276	10	0,135	1673,996	225,989	8,858
1974/75	9,213	0,111	0,01205	84,879369	11	0,026	3516,656	91,433	9,157
1975/76	9,324	0,256	0,02746	86,936976	12	0,013	7387,633	96,039	9,307
1976/77	9,580	•	•	91,776400	13	–0,014	15519,608	–217,275	9,381
Σ	62,929	9,379	5,44807	475,179909	•			1562,161	

Erzeugung der Kernkraftwerke (inkl. thermische Kraftwerke). Schweiz, 1963/64 – 1976/77[1])

[1]) Statistisches Jahrbuch der Schweiz, 1978, S. 161

[2]) Hydrographisches Jahr vom 1. Oktober bis 30. September

Es sollen die Parameter a und q der folgenden Funktion bestimmt werden:

$$D_t = \frac{\Delta y_t}{y_t} = a + q y_t.$$

Nach der Methode der kleinsten Abweichungsquadrate ergeben sich die folgenden Normalgleichungen.

$$\text{I.} \qquad na \quad + q \sum_{t=0}^{n-1} y_t = \sum_{t=0}^{n-1} D_t$$

$$\text{II.} \qquad a \sum_{t=0}^{n-1} y_t + q \sum_{t=0}^{n-1} y_t^2 = \sum_{t=0}^{n-1} D_t y_t = \sum_{t=0}^{n-1} \Delta y_t.$$

Die Zahl der beobachteten Merkmalswerte ist $n = 14$. Setzt man die aus dem Rechenschema erhaltenen Rechenwerte in die Normalgleichungen ein, so findet man:

$$\text{I.} \qquad 14a \quad + 62{,}929\, q \quad = 5{,}44807$$

$$\text{II.} \qquad \underline{62{,}929a + 475{,}179909q = 9{,}379} \quad .$$

Daraus lassen sich die Parameter a und q bestimmen; diese sind gleich:

$$\underline{a = 0{,}742} \qquad q = -0{,}078566$$

aus q läßt sich nun k bestimmen:

$$\underline{k} = -\frac{a}{q} = \underline{9{,}448\,.}$$

Der Parameter b findet sich in Spalte 9 des Rechenschemas. Der Mittelwert ist hier gleich

$$\bar{b}_t = b = 111{,}583$$

bei einer Standardabweichung

$$\sigma_b = 126{,}992.$$

Die logistische Funktion für das angeführte Beispiel lautet:

$$y_t = \frac{9{,}448}{1 + 111{,}583 \cdot e^{-0{,}742t}} \quad (0 \leqslant t \leqslant 13).$$

Die letzte Spalte des Rechenschemas enthält die nach dieser Beziehung errechneten Merkmalswerte (Stromerzeugung in Mia KWh). Die folgende Abbildung veranschaulicht den graphischen Verlauf der empirischen und theoretischen Merkmalswerte.

Logistische Kurve

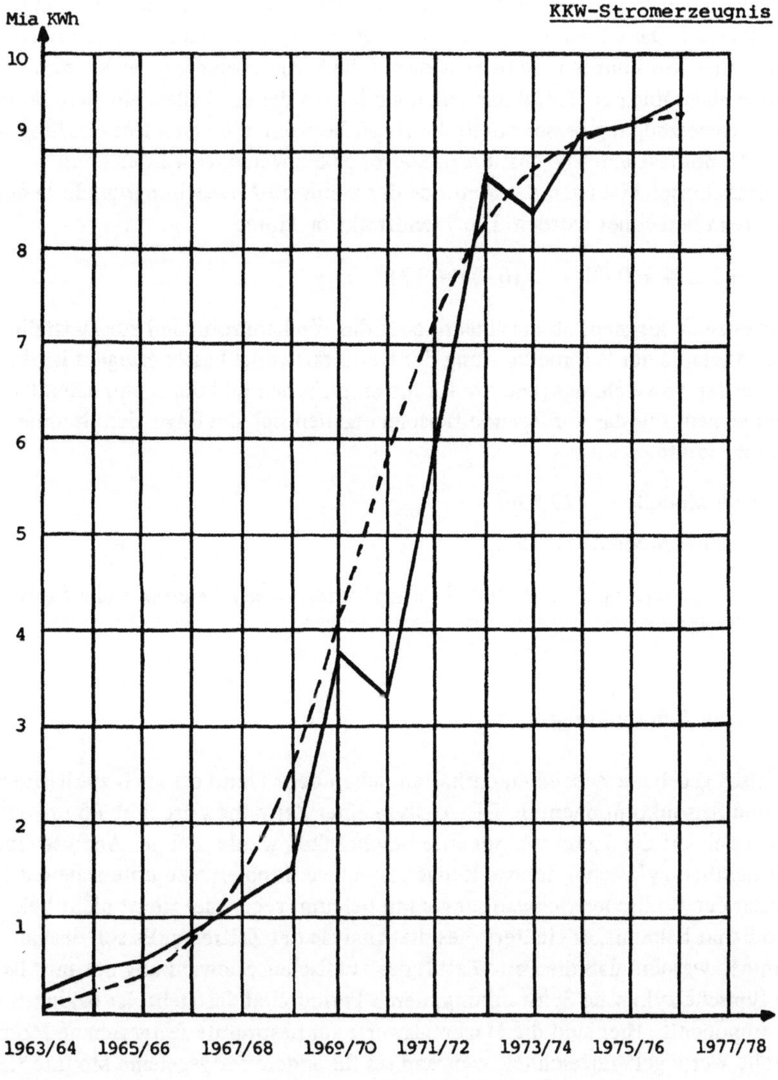

Bekanntlich ist der Wendepunkt der logistischen Kurve erreicht, wenn der Ordinatenwert $k/2$ ist. Im vorliegenden Beispiel ist dieser Ordinatenwert gleich 4,724. Diesem Wert entspricht der Abszissenwert t_w:

$$t_w = \frac{1}{a} \ln b$$

oder im vorliegenden Beispiel $t_w = 6{,}35$, d.h. zwischen 1969/70 und 1970/71.

Die Trendkurve zeigt nur den idealisierten Verlauf einer Zeitreihe. Die einzelnen Merkmalswerte weichen mehr oder weniger stark von diesem idealisierten Verlauf ab. Es ist deshalb wichtig, auch über die Gruppierung der Merkmalswerte um die Trendkurve aussagen zu können. Das ist vor allem dann wichtig, wenn verschiedene Trendmodelle zur Auswahl stehen. So könnte man beispielsweise die Stromerzeugung der Kernkraftwerke auch durch einen linearen Trend darstellen wollen. In diesem Falle stellt sich die Frage, ob diese Stromerzeugung besser durch die Hypothese einer linearen Entwicklung oder durch die Hypothese eines Wachstumsprozesses gekennzeichnet werden kann.

Für dieses Beispiel ist nach der Methode der kleinsten Abweichungsquadrate auch ein linearer Trend berechnet worden. Die Trendfunktion lautet:

$$y = -1{,}234 + 0{,}881\,t \qquad (0 \leqslant t \leqslant 13).$$

Um beurteilen zu können, ob das lineare oder das Wachstumsmodell zur Darstellung des zeitlichen Verlaufs der Stromerzeugung der Kernkraftwerke besser geeignet ist, kann man die Summe der Abweichungsquadrate für die empirischen und die entsprechenden Modellwerte berechnen. Für das vorliegende Beispiel ergeben sich die folgenden Summen der Abweichungsquadrate:

lineares Modell: 29,596

logistisches Modell: 10,153.

Daraus folgt, daß das logistische Modell (Wachstumsmodell) die empirische Entwicklung besser wiedergibt.

3.2.2 Zyklische Schwankungen

Empirisch gegebene Zeitreihen enthalten neben dem Trend oft auch zyklische Schwankungen und Saisonkomponenten. Die Analyse einer Zeitreihe wäre deshalb unvollständig, wenn man sich auf die Trendkomponente beschränken würde. Bei der Analyse einer Zeitreihe hinsichtlich zyklischer Schwankungen sind zwei Probleme zu unterscheiden; die Periodizität der zyklischen Schwankung kann bekannt sein, oder sie ist nicht bekannt. Ist die Periodizität bekannt, erleichtert dies die Analyse der Zeitreihe. Es soll deshalb zuerst angenommen werden, daß die Periodizität der zyklischen Schwankung bekannt ist.

Eine typische zyklische Schwankung, deren Periodizität feststeht, ist bekanntlich die Saisonkomponente. Hier sind die Merkmalswerte für bestimmte festgegebene Monate durch hohe Werte gekennzeichnet, während sie für andere festgegebene Monate tiefe Werte aufweisen. Besteht tatsächlich eine Saisonkomponente, müßte sich jedes Jahr grundsätzlich die gleiche Periodizität ergeben, d.h. in jedem Jahr müßten stets die gleichen Monate hohe oder tiefe Merkmalswerte aufweisen. Wenn aber keine Saisonschwankung vorhanden ist, müßte sich eine in einem bestimmten Jahr zufällig aufscheinende Periodizität in anderen Jahren nicht wiederholen.

Diese Überlegungen können ausgenützt werden, um eine einfache Methode der Bestimmung der Saisonkomponente, die Mittelwert-Methode, abzuleiten. Bei dieser Methode werden zuerst alle Merkmalswerte auf den Mittelwert der Merkmalswerte der ganzen

Zeitreihe bezogen. Diese Verhältniszahlen können noch mit 100 multipliziert werden. In einem zweiten Schritt werden die Summen dieser Verhältniszahlen je Monat über alle Jahre gebildet. Da es vorkommen kann, daß für einzelne Monate nicht in allen Jahren Merkmalswerte ausgewiesen sind, empfiehlt es sich, für jeden Monat einen Mittelwert, in der Regel das arithmetische Mittel zu berechnen.

Addiert man diese so bereinigten durchschnittlichen Relativzahlen über alle Monate, so wäre es wünschenswert, wenn diese Summe 1200 ist, was besagt, daß der Durchschnittswert dieser Relativ- oder Indexzahlen je Monat 100 beträgt. Weicht die effektive Summe von diesem Richtwert ab, sind die einzelnen Monats- Indexzahlen entsprechend zu berichtigen.

Der aufgezeichnete Rechengang kann etwas vereinfacht werden, wenn zuerst die Monatssummen der Merkmalswerte gebildet werden, und diese dann auf das Gesamtmittel der Zeitreihe bezogen werden.

Dieses Verfahren soll nach dem vereinfachten Rechengang am Beispiel der Stellensuchenden in der Schweiz jeweils am Monatsende (1960–1978) dargestellt werden. Die Zeitreihe ist in der folgenden Tabelle aufgezeichnet. Der erste Rechenschritt besteht darin, alle Merkmalswerte je Spalte (Monate) zusammenzuzählen und durch die Anzahl Jahre zu dividieren. Die Ergebnisse sind die folgenden:

Jahre	Jan.	Feb.	März	April	Mai	Juni	Juli	Aug.	Sept.	Okt.	Nov.	Dez.
1960	6 246	3 460	1 329	1 118	864	809	759	744	839	852	1 062	2 098
1961	3 871	1 361	687	625	609	533	437	551	466	636	702	1 224
1962	2 378	1 152	642	478	459	409	356	383	422	522	713	2 069
1963	5 169	2 482	664	441	403	321	279	308	327	359	465	951
1964	1 265	476	364	314	268	274	225	276	257	354	432	782
1965	1 004	880	399	283	285	287	239	277	262	350	605	801
1966	1 835	515	383	365	317	288	269	294	298	377	475	619
1967	939	531	424	391	364	360	302	317	339	496	567	821
1968	1 557	761	509	420	428	340	284	320	285	405	412	506
1969	761	594	393	298	236	244	195	201	247	286	306	352
1970	494	393	249	192	163	151	120	131	131	167	191	241
1971	314	258	190	162	137	128	122	129	151	211	263	319
1972	380	291	251	218	177	195	145	203	182	212	215	181
1973	289	212	169	172	142	156	144	168	179	152	198	216
1974	256	217	193	148	164	159	170	159	193	455	891	1 375
1975	2 587	3 509	5 092	6 827	7 508	8 614	9 328	10 997	13 346	16 792	21 421	27 305
1976	32 377	33 233	29 143	26 871	23 811	20 568	16 461	15 422	14 135	14 302	16 291	18 366
1977	21 751	18 432	15 070	14 750	13 264	10 971	9 602	9 289	8 802	9 616	11 602	12 528
1978	16 110	15 697	12 585	11 343	10 717	10 017						

Stellensuchende in der Schweiz am Monatsende 1960–1978 (Statistisches Jahrbuch der Schweiz)

Monate	Spaltensummen	Mittelwerte (gerundet)	Index
Januar	99 583	5 241	159
Februar	89 094	4 689	142
März	68 736	3 618	110
April	65 416	3 443	104
Mai	60 316	3 175	96
Juni	54 824	2 885	87
Juli	39 437	2 191	66
August	40 169	2 232	68
September	40 861	2 270	69
Oktober	46 644	2 591	79
November	56 807	3 156	96
Dezember	70 754	3 931	119

Die Durchschnittszahl der Stellensuchenden für den ganzen, insgesamt 222 Merkmalswerte umfassenden Zeitraum errechnet sich zu 3300 Personen. Werden nun die einzelnen Mittelwerte je Monat auf diesen Gesamtdurchschnitt, der gleich 100 gesetzt wird, bezogen, so ergeben sich die in der obigen Zusammenstellung eingetragenen Indizes. Diese Maßzahlen zeigen, daß eine Saisonkomponente besteht, die durch hohe Zahlen der Stellensuchenden am Jahresanfang und Jahresende und durch tiefe Zahlen in der Jahresmitte gekennzeichnet ist.

Die Saisonkomponente könnte durch diese Indexzahlen modellmäßig dargestellt werden. Bestände keine Saisonkomponente, müßten theoretisch alle Indexzahlen gleich 100 sein, oder die Summe aller Indexzahlen für die 12 Monate gleich 1200. Im vorliegenden Falle ist diese Summe aber 1195. Die einzelnen Indexzahlen sind nun derart zu korrigieren, daß ihre Summe nicht 1195, sondern 1200 ergibt; dies bedeutet, daß jede Indexzahl im Verhältnis

$$J: 1195 = J_b: 1200$$

zu bereinigen ist (J = alte Indexzahl, J_b = bereinigte Indexzahl). Für Januar ergibt sich beispielsweise die Proportion

$$159 : 1195 = J_b : 1200$$

d.h.

$$J_b = 160.$$

Der Unterschied der beiden Summen ist sehr klein, weshalb die Korrekturen auch klein sein werden. Die bereinigten Indexzahlen lauten:

Monate	Saison-Index	Monate	Saison-index
Januar	160	Juli	66
Februar	143	August	68
März	110	September	69
April	104	Oktober	79
Mai	96	November	96
Juni	87	Dezember	120

Dieser Saisonindex wurde auf Grund der monatlichen Angaben über die Stellensuchenden berechnet. Es wäre auch möglich gewesen, vierteljährliche Werte zu berücksichtigen, wie z.B. die Anzahl Stellensuchender Ende März, Ende Juni, Ende September und Ende Dezember. Diese Annahme führt zu den folgenden Saisonindizes:

Monate	Saisonindex
März	114
Juni	91
September	71
Dezember	124

Auch hier zeigt sich das gleiche Modell, nämlich hohe Indexwerte Anfang und Ende des Jahres, tiefe Werte in Jahresmitte.

Das dargestellte Verfahren setzt voraus, daß die Zeitreihe durch den Gesamtmittelwert gekennzeichnet werden kann, d.h. daß es sich um eine lineare stationäre Zeitreihe handelt. Oft trifft diese Voraussetzung aber nicht zu, weshalb dann das Verfahren dieser Situation anzupassen ist. Eine solche Anpassung kann dadurch erfolgen, daß man statt eines Trends das gleitende Mittel verwendet. Da es sich um Saisonschwankungen handelt, empfiehlt sich ein 12-gliedriges gleitendes Mittel. Diese Mittelwerte stellen für jeden Monat die durchschnittlichen Merkmalswerte über 12 Monate dar. So werden die Zeitreihenwerte für Januar 1960 bis Dezember 1960 zusammengezählt und durch 12 dividiert. Das so berechnete Mittel wird für Juli 1960 eingesetzt (genau 15. Juli). Das Mittel der Merkmalswerte für Februar 1960 bis Januar 1961 wird für August 1960 eingesetzt (genau 15. August) usw. Hernach werden die empirisch gegebenen Merkmalswerte auf die entsprechenden gleitenden Mittel bezogen und mit 100 multipliziert. Das gleitende Mittel für 1960 ist gleich 1682; dieser Wert wird für Juli 1960 eingesetzt. Bezieht man den effektiven Zeitreihenwert für Juli 1960, d.h. 759, auf dieses gleitende Mittel und multipliziert mit 100, findet man den Wert 45. Dies besagt, daß die effektive Anzahl Stellensuchender Ende Juli 1960 nur 45 % der durchschnittlichen Anzahl Stellensuchender im Jahre 1960 ausmacht.

In den folgenden beiden Tabellen sind diese gleitenden Mittel wie auch die daraus sich ergebenden Indexzahlen eingetragen. Die Summe dieser Indexzahlen über alle Monate stellt sich auf 1165. Diese Summe sollte 1200 sein, weshalb alle Indexzahlen mit dem Faktor 1200/1165 zu multiplizieren sind. Die so bereinigten Indexzahlen ergeben den Saisonindex für das angeführte Beispiel.

Jahre	Jan.	Feb.	März	April	Mai	Juni	Juli	Aug.	Sept.	Okt.	Nov.	Dez.
1960	–	–	–	–	–	–	1 682	1 484	1 308	1 255	1 214	1 193
1961	1 170	1 143	1 127	1 096	1 078	1 048	975	851	833	830	817	805
1962	794	788	774	770	761	832	1 064	1 175	1 175	1 177	1 174	1 169
1963	1 162	1 156	1 149	1 141	1 128	1 107	1 014	689	522	497	486	475
1964	471	466	464	458	457	455	441	419	452	455	453	454
1965	455	456	457	457	457	471	473	542	511	510	517	520
1966	520	522	524	527	529	518	503	428	429	433	435	439
1967	445	447	449	453	463	471	488	539	558	565	568	573
1968	571	570	570	566	558	545	519	453	439	429	419	403
1969	395	387	377	374	364	356	343	320	304	292	283	277
1970	269	263	257	247	237	228	219	204	192	187	185	183
1971	181	181	181	182	186	192	199	204	207	212	217	220
1972	226	227	234	236	236	232	221	213	207	200	196	193
1973	190	190	187	187	182	180	183	180	181	183	181	183
1974	183	185	184	185	211	268	365	559	834	1 242	1 798	2 410
1975	3 115	3 878	4 781	5 877	7 239	8 950	11 110	13 593	16 070	18 074	19 745	21 103
1976	22 099	22 694	23 062	23 128	22 921	22 493	21 748	20 863	19 629	18 457	17 447	16 568
1977	15 768	15 196	14 685	14 241	13 850	13 460	12 973	12 503	12 275	12 068	11 784	11 572
1978	11 492	–	–	–	–	–	–	–	–	–	–	–

Stellensuchende in der Schweiz – Gleitendes Mittel

Jahre	Jan.	Feb.	März	April	Mai	Juni	Juli	Aug.	Sept.	Okt.	Nov.	Dez.
1960	–	–	–	–	–	–	45	50	64	75	87	175
1961	329	118	61	57	56	51	45	65	56	77	86	152
1962	299	146	83	62	60	54	43	36	36	44	61	177
1963	445	215	58	39	36	29	28	45	63	72	96	200
1964	269	102	78	69	59	60	51	66	57	78	95	172
1965	221	193	87	62	62	61	51	51	51	69	117	154
1966	353	99	73	69	60	56	53	69	69	87	108	141
1967	211	119	94	86	79	76	62	59	61	88	100	143
1968	273	134	89	74	77	62	55	71	65	94	98	126
1969	193	153	104	80	65	69	57	63	81	98	108	127
1970	184	149	97	78	69	66	55	64	68	89	103	132
1971	173	143	105	89	74	67	61	63	73	100	121	145
1972	168	128	107	92	75	84	66	95	88	106	110	94
1973	152	112	90	92	78	87	79	93	99	83	109	118
1974	140	117	105	80	78	59	47	28	23	37	50	57
1975	83	90	107	116	104	96	84	81	83	93	108	129
1976	147	146	126	116	104	91	76	74	72	77	93	111
1977	138	121	103	104	96	82	74	74	72	80	98	108
1978	140											
Σ	3918	2285	1567	1365	1232	1150	1032	1147	1181	1447	1748	2461
AM	218	134	92	80	72	68	57	64	66	80	97	137

Stellensuchende in der Schweiz – Indexzahlen

Monate	Saison-index	Montate	Saison-index
Januar	225	Juli	59
Februar	138	August	66
März	95	September	68
April	82	Oktober	82
Mai	74	November	100
Juni	70	Dezember	141

Statt des gleitenden Mittels können auch ein Trend (linear oder nicht-linear) berechnet werden, wobei dann die einzelnen effektiven Merkmalswerte auf die entsprechenden Trendwerte bezogen werden. Wiederum sind dann diese Verhältniszahlen für die einzelnen Monate (spaltenweise) zu addieren und daraus in bekannter Weise der Saisonindex zu bestimmen.

Diese einfachen Verfahren wurden weiterentwickelt und vervollkommnet. So hat das Census Bureau in den USA darauf aufbauend eine Methode entwickelt, die viel verwendet wird. Dieses als Census Method II bekannte Verfahren beruht auf dem gleitenden Durchschnitt. Diese Methode ermöglicht es, die ursprüngliche Zeitreihe von saisonalen Schwankungen, von Trendkomponenten und vom Einfluß der ungleichen Anzahl Tage in den einzelnen Monaten zu bereinigen. Die Trendkomponente umfaßt die Hauptbewegung und konjunkturelle Schwankungen; sie wird also nicht notgedrungen durch eine lineare Funktion dargestellt. Die Ausschaltung dieser Bewegungen führt zur Restkomponente. Dabei kann ein additives wie auch ein multiplikatives Modell zugrunde gelegt werden. Die Saisonkomponente wird nach einem Verfahren ermittelt, das von Frederick Macaulay am National Bureau of Economic Research im Jahre 1920 entwickelt worden ist, und das auf gleitenden Mitteln beruht. Die erste computergestützte Berechnung erfolgte 1954. Ein Jahr später wurde das Programm verbessert und als Census Method II bezeichnet. Später wurden verschiedene Modifikationen der Methode angebracht, die im Jahre 1965 zur Modifikation X–11 geführt haben.

Saisonschwankungen sind zyklische Entwicklungen, deren Periodizität bekannt ist. Oft jedoch werden Periodizitäten vermutet, ohne daß diese bekannt sind. In der Zeitreihen-Analyse sind deshalb Verfahren wichtig, die es ermöglichen, solche unbekannte Periodizitäten zu entdecken. Innerhalb der Gruppe der zeitbezogenen Analyseverfahren ist die Periodogramm-Analyse oder harmonische Analyse zu nennen. Diese beruht auf der Fourier-Analyse, nach welcher jedes Entwicklungsmuster durch eine Kombination von Sinus- und Cosinus-Schwingungen dargestellt werden kann. Diese Methode soll nachfolgend dargelegt werden.

Dieses Verfahren ist vor allem für die Untersuchung astronomischer Zeitreihen entwickelt worden. Sie wird auch im technischen Bereich eingesetzt, so z.B. zur analytischen Darstellung der Auftriebsverteilung über einen Flugzeugflügel. In den Wirtschaftswissenschaften wurde diese Methode erstmals von H.L. Moore und Sir William Beveridge für konjunkturtheoretische Probleme und Preisentwicklungen verwendet.

Bei diesem Analyse-Verfahren wird die Zeitreihe durch die Fourier-Funktion

$$F(t) = \frac{A_0}{2} + \sum_{t=1}^{N} \left[A(T) \cos \frac{2\pi}{T} t + B(T) \sin \frac{2\pi}{T} t \right]$$

dargestellt.

Hier bedeuten T die Periodizität und N die Gesamtzahl der Merkmalswerte der Zeitreihe. Ist die Periodizität unbekannt, muß man versuchsweise verschiedene Werte für T einsetzen. Trifft man nun eine bestehende Periodizität, so wird das Gewicht der entsprechenden Sinus- und Cosinus-Komponenten groß sein, d.h. die Parameter $A(T)$ und $B(T)$ werden hohe Werte annehmen. Auf Grund dieses Kriteriums kann man nun feststellen, ob ein bestimmter Wert von T einer tatsächlichen Periodizität entspricht. Die Parameter $A(T), B(T)$ und A_0 sind aus der Zeitreihe zu bestimmen, z.B. nach dem Verfahren der kleinsten Abweichungsquadrate. Diese Parameter nehmen folgende Werte an:

$$A_0 = \frac{1}{N} \sum_{t=1}^{N} y_t \quad \text{(arithmetisches Mittel)}$$

$$A(T) = \frac{2}{mT} \sum_{t=1}^{mT} y_t \cos \frac{2\pi}{T} t$$

$$B(T) = \frac{2}{mT} \sum_{t=1}^{mT} y_t \sin \frac{2\pi}{T} t$$

wo mT gleich groß oder kleiner als N und m eine ganze Zahl ist ($mT \leqslant N$).

Diese Parameter werden am zweckmäßigsten dadurch ermittelt, daß die Zeitreihe in T Spalten und m Zeilen aufgetragen wird:

$$\begin{array}{llll}
y_1 & y_2 & y_3 & \cdots\; y_T \\
y_{T+1} & y_{T+2} & y_{T+3} & \cdots\; y_{2T} \\
\cdots & \cdots & \cdots & \\
y_{(m-1)T+1} & y_{(m-1)T+2} & y_{(m-1)T+3} & \quad y_{mT} \;.
\end{array}$$

Hierauf werden die Spaltensummen ermittelt, die mit $M_1, M_2 \ldots M_T$ bezeichnet werden sollen.

Nunmehr lauten die Formeln für die Parameter $A(T)$ und $B(T)$ folgendermaßen:

$$A(T) = \frac{2}{mT} \sum_{t=1}^{T} M_t \cos \frac{2\pi}{T} t$$

$$B(T) = \frac{2}{mT} \sum_{t=1}^{T} M_t \sin \frac{2\pi}{T} t.$$

Um abschätzen zu können, ob eine Periodizität vorliegt oder nicht, wird der Parameter

$$R(T)^2 = A(T)^2 + B(T)^2$$

gebildet, der als Amplitudenquadrat bezeichnet wird. Hohe Werte des Amplitudenquadrats deuten auf Periodizitäten hin. Es empfiehlt sich hier, die Amplitudenquadrate in Abhängigkeit der Periodizitäten graphisch aufzutragen. Diese Graphik bezeichnet man als Periodogramm. Das angegebene Rechenschema zeigt den Gang der Berechnungen.

Zeilen \ t	1	2	3		T	
1	y_1	y_2	y_3	...	y_T	
2	y_{T+1}	y_{T+2}	y_{T+3}	...	y_{2T}	
3	y_{2T+1}	y_{2T+2}	y_{2T+3}	...	y_{3T}	
.	...	...	...	...	...	
m	$y_{(m-1)T+1}$	$y_{(m-1)T+2}$	$y_{(m-1)T+3}$		y_{mT}	
Σ	M_1	M_2	M_3	...	M_T	
Allgemeine Formeln						
$\cos \frac{2\pi}{T} t$	$\cos \frac{2\pi}{T}$	$\cos \frac{4\pi}{T}$	$\cos \frac{6\pi}{T}$	...	$\cos 2\pi$ (=1)	
$\sin \frac{2\pi}{T} t$	$\sin \frac{2\pi}{T}$	$\sin \frac{4\pi}{T}$	$\sin \frac{6\pi}{T}$	...	$\sin 2\pi$ (=0)	
$M_t \cos \frac{2\pi}{T} t$	$M_1 \cos \frac{2\pi}{T}$	$M_2 \cos \frac{4\pi}{T}$	$M_3 \cos \frac{6\pi}{T}$	...	$M_T \cos 2\pi$ $(= M_t)$	$\Sigma = S(A)$
$M_t \sin \frac{2\pi}{T} t$	$M_1 \sin \frac{2\pi}{T}$	$M_2 \sin \frac{4\pi}{T}$	$M_3 \sin \frac{6\pi}{T}$	...	$M_T \sin 2\pi$ (=0)	$\Sigma = S(B)$

Rechenschema. Periodogramm-Analyse

Daraus folgt:

$$A(T) = \frac{2}{mT} S(A) \qquad B(T) = \frac{2}{mT} S(B)$$

$$R(T)^2 = A(T)^2 + B(T)^2$$

wobei

$$S(A) = \sum_{t=1}^{T} M_t \cos \frac{2\pi}{T} t$$

$$S(B) = \sum_{t=1}^{T} M_t \sin \frac{2\pi}{T} t$$

sind. Nunmehr kann das Periodogramm, d.h. $R(T)^2$ in Abhängigkeit von T, dargestellt werden.

Eine andere Möglichkeit, zyklische Schwankungen in einer Zeitreihe zu entdecken, ist durch das Verfahren des Korrelogramms gegeben. Hier wird die vom Trend bereinigte Zeitreihe mit sich selbst korreliert, wobei sie jeweils um τ Zeiteinheiten verschoben wird. Würde sie nicht verschoben, ergäbe sich der Korrelationskoeffizient + 1. Zyklen bewirken, daß sich für bestimmte Werte der Verschiebung τ hohe Korrelationskoeffizienten ergeben. Die Formel des hier verwendeten Korrelationskoeffizienten, der wegen des Vergleichs der Zeitreihe mit sich selbst als Autokorrelationskoeffizient bezeichnet wird, lautet:

$$r(\tau) = \frac{n \sum_{i=1}^{n-\tau} (y_i - \bar{y})(y_{i+\tau} - \bar{y})}{(n-\tau) \sum_{i=1}^{n} (y_i - \bar{y})^2}$$

wo $\bar{y}$ das arithmetische Mittel aus allen Werten der Zeitreihe bedeutet. Die graphische Darstellung dieser Autokorrelationskoeffizienten in Abhängigkeit der Verschiebung τ, d.h. $r(\tau) = f(\tau)$, wird Korrelogramm genannt.

Nun stellt sich aber die Frage, welcher Wert des Amplitudenquadrates als bedeutsam anzusprechen ist. Zu diesem Zweck ist das mittlere erwartete Amplitudenquadrat R_m^2 zu bestimmen; dieses ist durch die Formel

$$R_m^2 = \frac{4\sigma^2}{N}$$

gegeben. Hier ist σ^2 die Streuung der ganzen (unbereinigten oder saisonbereinigten) Zeitreihe, d.h. [1]).

$$\sigma^2 = \frac{1}{N-1}\left[\sum_{t=1}^{N} (y_t - \bar{y})^2\right].$$

Übertrifft ein bestimmtes Amplitudenquadrat diesen Durchschnittswert (R_m^2), so kann vermutet werden, daß die entsprechende Periodizität (gegeben durch den Wert T) bedeutsam ist.

Eine genauere Entscheidungsgrundlage ergibt sich, wenn diese Periodizität mit Hilfe von Tests untersucht wird. Vor allem drei Tests sind hier zu nennen: Der Test von Schuster, der von Walker und der von R.A. Fisher. Der Test von Schuster geht von der Wahrscheinlichkeit aus, daß ein beliebig, zufällig ausgewähltes Amplitudenquadrat der betrachteten Zeitreihe größer ist als das k-fache des durchschnittlichen Amplitudenquadrates, d.h. $R(T)^2 = k \cdot R_m^2$; diese Wahrscheinlichkeit setzt Schuster gleich

$$P_s = e^{-k}.$$

Daraus folgt

$$k = -\ln P_s.$$

[1]) Es ist üblich, die Berechnung für eine schon bereinigte Zeitreihe durchzuführen. Wenn $N > 50$, kann man $N-1 \sim N$ setzen.

Für bestimmte Werte von P_s können daraus die Faktoren k berechnet werden.

P_s	k
0,001	6,91
0,005	5,30
0,010	4,61
0,050	3,00
0,100	2,30

Walker geht von der gleich definierten Wahrscheinlichkeit aus, setzt aber dafür den Ausdruck:

$$P_w = 1 - (1 - e^{-k})^{N/2}.$$

Er führt also als Parameter die Anzahl Merkmalswerte der Zeitreihe ein. Löst man diesen Ausdruck nach k auf, findet man:

$$k = -\ln [1 - \sqrt[N/2]{1 - P_w}] .$$

Für verschiedene Werte von P_w und N sind die Faktoren k nachfolgend zusammengestellt:

Werte von k

P_w \ N	10	20	30	40	50	100	200
0,001	8,52	9,21	9,62	9,90	10,13	10,82	11,51
0,005	6,91	7,60	8,00	8,29	8,51	9,21	9,90
0,010	6,21	6,90	7,31	7,60	7,82	8,51	9,21
0,050	4,58	5,28	5,68	5,97	6,19	6,88	7,58
0,100	3,87	4,56	4,96	5,25	5,47	6,16	6,86

Bei Wirtschaftsreihen ist die Streuung sehr oft nur ungefähr bekannt. R.A. Fisher hat deshalb einen anderen Test vorgeschlagen, der wesentlich komplizierter ist als die dargelegten beiden Tests. Es erübrigt sich hier, darauf einzugehen, weil die daraus abgeleiteten Werte der Faktoren k praktisch nicht von den Werten von k nach Schuster und Walker abweichen.

Wenn man nach den erwähnten Methoden signifikante Periodizitäten festgestellt hat, interessiert es, zu wissen, welcher Prozentanteil aller vorhandenen zyklischen Komponenten durch diese Periodizität erklärt ist. Dazu dient die Total-Energie der Zeitreihe E. Diese ist folgendermaßen definiert:

$$E = \frac{R(T_1)^2 + R(T_2)^2 + \cdots}{2\sigma^2}$$

wo σ^2 bekanntlich die Streuung der gesamten Zeitreihe bezeichnet.

Die Parameter $A(T)$ und $B(T)$ der harmonischen Komponente

$$h(t) = A(T) \cos \frac{2\pi}{T} t + B(T) \sin \frac{2\pi}{T} t$$

werden durch den Trend der Zeitreihe beeinflußt, sofern dieser nicht vorher ausgeschaltet worden ist. Für einen linearen Trend

$$y(t) = a + bt \qquad (t = 1, 2, \ldots, N)$$

ist der Parameter $B(T)$ zu korrigieren; der bereinigte Wert ist

$$B'(T) = B(T) + \frac{bT}{\pi}.$$

Bei einem quadratischen Trend

$$y(t) = a + bt + ct^2$$

werden beide Parameter der Harmonischen beeinflußt und nehmen die folgenden Werte an:

$$A''(T) = A(T) - \frac{cT^2}{\pi^2} \qquad \text{and} \qquad B''(T) = B(T) + \frac{(b + 2Nc)\,T}{\pi}.$$

Das Ziel dieser Untersuchung ist es, die empirisch gegebene Zeitreihe von den einzelnen Komponenten (Trend, zyklische Schwankungen) zu lösen. Den Trend eliminiert man bekanntlich dadurch, daß man (beim additiven Modell) von den einzelnen gegebenen Zeitreihenwerten die entsprechenden Trendwerte abzieht. Die Ausschaltung der zyklischen Schwankungen geschieht dadurch, daß von den trendbereinigten Zeitreihenwerten noch die Harmonischen für bestimmte Periodizitäten subtrahiert werden:

$$\begin{aligned} y_{zb} &= y_{Tb}(t) - \left[A(T_1) \cos \frac{2\pi}{T_1} t + B(T_1) \sin \frac{2\pi}{T_1} t + \right. \\ &\quad \left. + A(T_2) \cos \frac{2\pi}{T_2} t + B(T_2) \sin \frac{2\pi}{T_2} t + \cdots \right] \qquad (t = 1, 2, \ldots, N) \end{aligned}$$

$y_{zb}(t)$: Vom Trend und von zyklischen Schwankungen bereinigte Zeitreihe,

$y_{Tb}(t)$: trendbereinigte Zeitreihe.

Ist diese zyklische Komponente auf Grund der angegebenen Formeln ermittelt worden, ist sie aus der Zeitreihe auszuschalten. Das Ergebnis ist die Restkomponente, die im folgenden Abschnitt eingehend behandelt wird.

3.2.3 Die Restkomponente

In den vorhergehenden Abschnitten wurden einige Methoden dargelegt, die es ermöglichen, den Trend und die zyklischen Schwankungen zu bestimmen und aus der Zeitreihe auszuschalten. Bekanntlich kann eine Zeitreihe aus den genannten beiden Komponenten und der Restkomponente bestehend angenommen werden. Die Restkomponente ergibt sich, wenn von der empirisch gegebenen Zeitreihe der Trend und die zyklischen Schwankungen ausgeschaltet worden sind. Ist die Zeitreihe durch den Trend und zyklische Schwankungen genau bestimmt, besteht keine Restkomponente. Diese beiden Komponenten sind modellmäßig durch mathematische Funktionen dargestellt worden, die empirische Zeitreihe aber ist als statistische Reihe noch zufallsgestört. Deshalb ist anzunehmen, daß Trend und zyklische Schwankungen den Zeitreihen-Verlauf nicht vollständig erklären können. Es verbleibt somit noch ein Rest, der durch Trend und zyklische Schwankungen nicht erklärt ist. Stellen diese beiden Komponenten aber den wesentlichen Verlauf der Zeitreihe dar, so müßten sich in der Restkomponente nur noch die zufälligen Störungen äußern. Die Restkomponente müßte also eine Zeitreihe sein, die nur noch zufällige Schwankungen aufweist. Es ist deshalb die Aufgabe des Statistikers, zu prüfen, ob die Restkomponente tatsächlich eine Zufallskomponente ist. Trifft dies zu , kann angenommen werden, daß die gegebene empirische Zeitreihe durch den ermittelten Trend und die berechneten zyklischen Schwankungen statistisch erklärt ist. Andernfalls verbergen sich in der Restkomponente noch systematische Bestandteile (Trend, zyklische Schwankungen). In diesem Fall muß das Trendmodell revidiert und u.U. müssen noch weitere zyklische Schwankungen eliminiert werden. Das vorrangige Problem aber besteht darin, Methoden zu entwickeln, die es ermöglichen, die Restkomponente auf ihre Zufälligkeit hin zu prüfen.

Die Restkomponente ist dann eine zufällige Komponente, wenn ihre Werte zufällig sind. Eine zufällige Komponente kann modellmäßig durch eine Folge von Zufallszahlen dargestellt werden, d.h. von Werten die keine Beziehungen von vorhergehenden Werten haben. Ein methodisches Mittel, um dies festzustellen, ist die Autokorrelation. Hier wird die Zeitreihe der Restkomponente mit sich selbst verglichen, wobei aber die Vergleichsreihe schrittweise verschoben und für diese Verschiebungen der Autokorrelationskoeffizient berechnet wird. Hat keine Verschiebung stattgefunden, ergibt sich der Autokorrelationskoeffizient Eins. Bei einer Zufallskomponenten kann angenommen werden, daß die Autokorrelationskoeffizienten für die einzelnen Verschiebungen nur unwesentlich vom Werte Null abweichen, da ja definitionsgemäß in einem solchen Falle die einzelnen Werte der Zufallskomponenten untereinander unabhängig sind. Ergeben sich aber Autokorrelationskoeffizienten, die wesentlich von Null abweichen, kann dies als Zeichen dafür gedeutet werden, daß die Restkomponente nicht zufällig ist, d.h. noch systematische Bestandteile enthält.

Um diese Überlegungen zu veranschaulichen, sind für 50 rechteckverteilte Pseudo-Zufallszahlen (aus der Sammlung der Rand Corporation) Autokorrelationskoeffizienten berechnet worden. Es handelt sich um die folgenden zweistelligen Pseudo-Zufallszahlen:

50	92	31	58	21
19	30	12	34	72
50	57	53	75	75
44	19	93	61	17
86	11	70	16	59
48	49	96	98	99
51	43	36	74	24
32	42	85	29	97
76	38	32	36	10
80	26	35	20	20

Die für die Verschiebungen τ bestimmten Autokorrelationskoeffizienten $r(\tau)$ sind nachfolgend zusammengestellt:

$r(0)$	$= 1{,}0000$	$r(8)$	$= -0{,}0643$
$r(1)$	$= -0{,}0242$	$r(9)$	$= 0{,}0149$
$r(2)$	$= 0{,}0261$	$r(10)$	$= 0{,}0161$
$r(3)$	$= -0{,}0141$	$r(11)$	$= -0{,}2104$
$r(4)$	$= -0{,}2874$	$r(12)$	$= 0{,}1088$
$r(5)$	$= -0{,}0285$	$r(13)$	$= -0{,}1131$
$r(6)$	$= 0{,}0659$	$r(14)$	$= -0{,}1056$
$r(7)$	$= -0{,}2057$	$r(15)$	$= 0{,}1921$

Der absolut größte Wert dieser Maßzahl findet sich (abgesehen vom Wert $\tau = 0$) für $r(4)$. Bestimmt man für diesen Autokorrelationskoeffizienten die Standardabweichung nach der Beziehung

$$\sigma_r = \frac{1 - r^2}{\sqrt{N}} \qquad (N = 50)$$

so folgt der Wert $\sigma_r = 0{,}1297$. Der entsprechende Autokorrelationskoeffizient liegt also wenig über der 2σ-Grenze. Die Wahrscheinlichkeit, in einer anderen, zufällig ausgewählten Folge von 50 Pseudo-Zufallszahlen einen absolut ebenso hohen oder höheren Wert des Autokorrelationskoeffizienten zu erhalten, stellt sich auf rund 5 %. Prüft man die Bedeutsamkeit dieses Autokorrelationskoeffizienten vom Werte Null mit Hilfe des t-Tests, ergibt sich nach der Beziehung

$$t = r\sqrt{\frac{N-2}{1-r^2}}$$

der empirische t-Wert 2,0789. Eine Tafel des t-Tests zeigt, daß bei einer Bedeutungsschwelle von 5 % (es handelt sich hier um einen zweiseitigen Test) der zu prüfende Autokorrelationskoeffizient in signifikanter Weise von Null abweicht, während bei einer Bedeutungsschwelle von 1 % die Abweichung von Null zufällig sein dürfte. Von allen berechneten Autokorrelationskoeffizienten ist dieser (Verschiebung $\tau = 4$) der einzige, der vermutlich in bedeutsamer Weise vom Werte Null abweicht. Es kann also angenommen werden, daß die aufgeführten Autokorrelationskoeffizienten (mit nur einer Ausnahme) vom Werte Null statistisch nicht abweichen. Dies läßt vermuten, daß die Autokorrelationskoeffizienten bei einer Folge von Zufallszahlen in nur zufälliger Weise um den Wert Null schwanken.

Ein anderes Verfahren, um die Restkomponente auf Zufälligkeit hin zu prüfen, wurde im Jahre 1906 von Goutereau eingeführt. Diese Maßzahl beruht auf den Differenzen der einzelnen Werte der Restkomponente von den unmittelbar benachbarten Werten, sowie von den Abweichungen dieser Restkomponenten-Werte von ihrem arithmetischen Mittel. Bezeichnet man einen Wert der Restkomponente mit z_i, so werden die Differenzen

$$\Delta_i = z_{i+1} - z_i$$

einerseits und

$$\eta_i = z_i - \bar{z}$$

andererseits gebildet. Die Maßzahl von Goutereau ist dann folgendermaßen definiert:

$$G = \frac{\sum_{i=1}^{N} |\Delta_i|}{\sum_{i=1}^{N} |\eta_i|}.$$

Für diese Restkomponente ist nun diese Maßzahl zu berechnen und mit einem Richtwert zu vergleichen. Bei Werten der Restkomponente, die einer Normalverteilung entstammen, ergibt sich der Richtwert $G_n = \sqrt{2} = 1{,}4142, \ldots$; sind die Restkomponenten-Werte aber einer rechteckverteilten Zufallsverteilung entnommen, nimmt der Richtwert dieser Maßzahl den Wert $G_r = 4/3 = 1{,}333 \ldots$ an. Für die angeführten rechteckverteilten Pseudo-Zufallszahlen wurde die Maßzahl von Goutereau berechnet. Es ergibt sich der Wert:

$$G_e = \frac{1506}{1133} = 1{,}3292.$$

Der Richtwert ist hier bekanntlich 1,333 . . . Die Übereinstimmung ist also sehr gut. Aus diesem Ergebnis kann geschlossen werden, daß die angeführten Pseudo-Zufallszahlen eine zufällige Restkomponente darstellen.

Die Maßzahl von Goutereau für empirisch gegebene Restkomponenten wird in der Regel von den Richtwerten abweichen. Um abschätzen zu können, ob diese Abweichungen bedeutsam sind oder nicht, sind die wahrscheinlichen Fehler dieser Maßzahl zu bestimmen. Bei rechteckverteilten Zufallszahlen ergibt sich der wahrscheinliche Fehler[1])

$$d_{Gr} = \frac{2\sqrt{2}}{3} \frac{1}{\sqrt{N-1}} = \frac{0{,}9428}{\sqrt{N-1}};$$

bei normalverteilten Zufallszahlen findet sich der wahrscheinliche Fehler

$$d_{Gn} = \sqrt{\frac{\pi - 2}{N-1}} = \frac{1{,}0685}{\sqrt{N-1}}.$$

Für die beispielshalber eingeführten rechteckverteilten Pseudo-Zufallszahlen errechnet sich ein wahrscheinlicher Fehler von 0,1347. Dies besagt, daß eine Maßzahl von Goutereau, die zwischen den Grenzen 1,1945 und 1,4639 läge, noch auf eine zufällige Restkomponente hinweisen würde.

Die Maßzahl von Goutereau weist eine Ähnlichkeit mit dem Hart-v. Neumann-Test und dem daraus abgeleiteten Durbin-Watson-Test auf. Somit könnte auch dieser Test als Entscheidungskriterium herangezogen werden. Die statistische Testheorie hat auch andere Tests entwickelt, die ebenfalls zur Prüfung einer Restkomponente verwendet werden könnten.

---

[1]) Beim wahrscheinlichen Fehler ist die Wahrscheinlichkeit, daß der Fehler im Intervall ($-d$ bis $+d$) (d = wahrscheinlicher Fehler) liegt, gleich 0,5. Dadurch ergibt sich die folgende Beziehung zur Standardabweichung:

$$d = \frac{2}{3}\sigma.$$

3.2.4 Praktische Zeitreihen-Analyse

Die dargelegten Methoden sollen nun auf ein Zahlenbeispiel angewendet werden. Als Beispiel soll die zeitliche Entwicklung der in Hotelbetrieben am Monatsende Beschäftigten in den Jahren 1973 bis 1978 herangezogen werden. Die entsprechenden Zahlenwerte sind in der folgenden Tabelle zusammengestellt.

Monate	1973	1974	1975	1976	1977	1978
Januar	62 653	62 527	61 966	62 334	61 938	63 211
Februar	63 673	63 433	62 668	63 013	62 757	63 577
März	62 981	64 370	65 750	61 367	61 560	65 922
April	58 036	55 910	52 592	54 517	52 818	53 674
Mai	60 552	59 715	58 313	57 506	58 594	58 337
Juni	71 685	70 292	68 479	67 732	67 900	68 275
Juli	76 167	74 332	72 387	71 293	71 394	72 032
August	74 567	73 138	70 897	69 584	70 321	71 082
September	64 538	63 052	61 499	60 711	61 669	62 304
Oktober	48 467	48 032	47 749	47 543	49 191	48 243
November	41 985	42 769	43 848	43 192	44 824	43 429
Dezember	62 336	62 960	63 639	62 934	63 759	61 385

In Hotelbetrieben Beschäftigte (am Monatsende)[1]). Ursprüngliche Werte

[1]) Statistische Quellenwerke der Schweiz, Heft 636: Tourismus in der Schweiz, 1978; Bundesamt für Statistik, Bern 1979.

Das Bild dieser Zeitreihe ist in der folgenden Abbildung aufgezeichnet. Die Zeitreihe scheint stationär mit dem arithmetischen Mittel 61 082 zu sein. Gleichwohl soll die Trendgerade nach der Methode der kleinsten Abweichungsquadrate bestimmt werden. Die Rechnung ergibt die folgende lineare Funktion:

$$\underline{y = 62710 - 44{,}61\, t}$$

wo y die Zahl der Beschäftigten und t die Zeitabszisse ($t = 1, 2, 3, \ldots, 72$) darstellen. Diese Gleichung bestätigt, daß der Trend sehr leicht fällt. Es stellt sich nun die Aufgabe, den Trend zu eliminieren. Dabei können bekanntlich zwei Modelle zugrunde gelegt werden, das additive Modell und das multiplikative Modell. Der Vollständigkeit halber sollen hier beide Modelle bestimmt werden.

Additives Modell

Beim *additiven Modell* gilt die folgende Beziehung:

$$Y = ZR = T + Z + R$$

ZR : Zeitreihenwerte,

T : Trend-Komponente,

Z : Zyklische Schwankungen und Saisonkomponente,

R : Restkomponente.

In Hotelbetrieben Beschäftigte am Monatsende. Schweiz 1973–1978

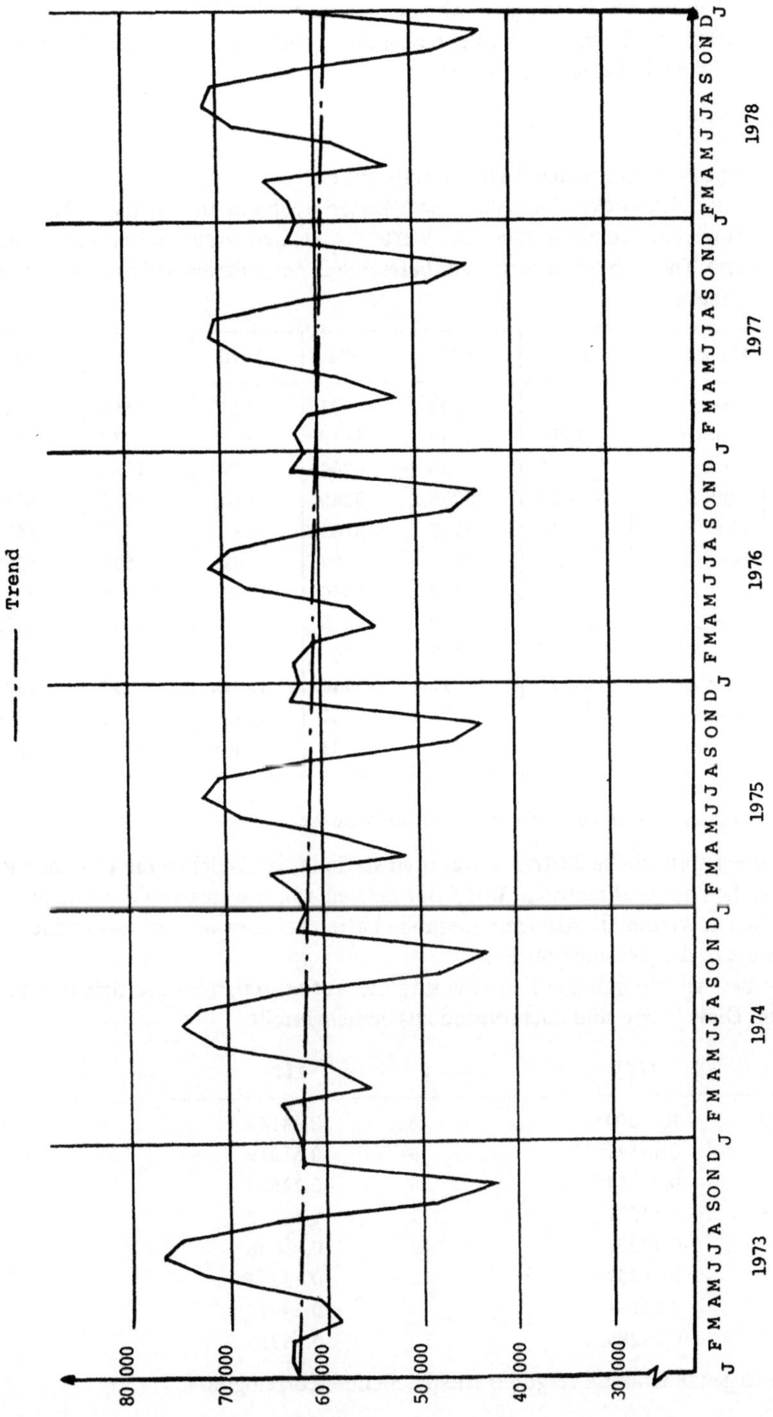

Die Ausschaltung des Trends geschieht bei diesem Modell dadurch, daß von den ursprünglichen Werten der Zeitreihe die entsprechenden Trendwerte abgezogen werden. Dies wird durch die folgende Beziehung dargestellt:

$$y_{Tb}(t) = y_e(t) - (a + bt)$$

$y_e(t)$: empirische Zeitreihenwerte im Zeitpunkt t.

Zu Vergleichszwecken kann zu diesen Werten noch das arithmetische Mittel aus allen Zeitreihenwerten addiert werden. Die Werte $y_{Tb}(t)$ bedeuten die trendbereinigten Zeitreihenwerte. Die so berechneten trendbereinigten Zeitreihenwerte finden sich in der folgenden Tabelle.

Monat	1973	1974	1975	1976	1977	1978
Januar	−12	397	371	1275	1414	3222
Februar	1052	1348	1118	1998	2278	3633
März	405	2329	4244	397	1125	6022
April	−4496	−6086	−8869	−6409	−7572	−6181
Mai	−1935	−2237	−3103	−3375	−1752	−1473
Juni	9243	8385	7107	6896	7599	8509
Juli	13769	12470	11060	10501	11138	12311
August	12214	11320	9615	8837	10109	11405
September	2229	1279	261	8	1502	2672
Oktober	−13797	−13697	−13444	−13115	−10932	−11344
November	−20234	−18915	−17301	−17421	−15254	−16114
Dezember	161	1321	2535	2365	3726	1887

In Hotelbetrieben Beschäftigte. Trendbereinigte Werte

Da die ursprüngliche Zeitreihe praktisch stationär ist, weichen die trendbereinigten Werte (zuzüglich das arithmetische Mittel der Zeitreihe) nur wenig von den entsprechenden ursprünglichen Werten ab. Als Trendmethode hätte auch eine andere verwendet werden können, wie z.B. das gleitende Mittel.

Für diese trendbereinigte Zeitreihe sind die Autokorrelationskoeffizienten berechnet worden. Diese Werte sind nachfolgend zusammengestellt.

τ	$r(\tau)$	τ	$r(\tau)$
0	1,00000	8	−0,44144
1	0,46579	9	−0,51219
2	−0,22154	10	−0,22642
3	−0,54571	11	0,45613
4	−0,47253	12	0,98636
5	0,05557	13	0,45244
6	0,41781	14	−0,23977
7	0,09285	15	−0,56313

Die folgende Graphik zeigt das entsprechende Korrelogramm.

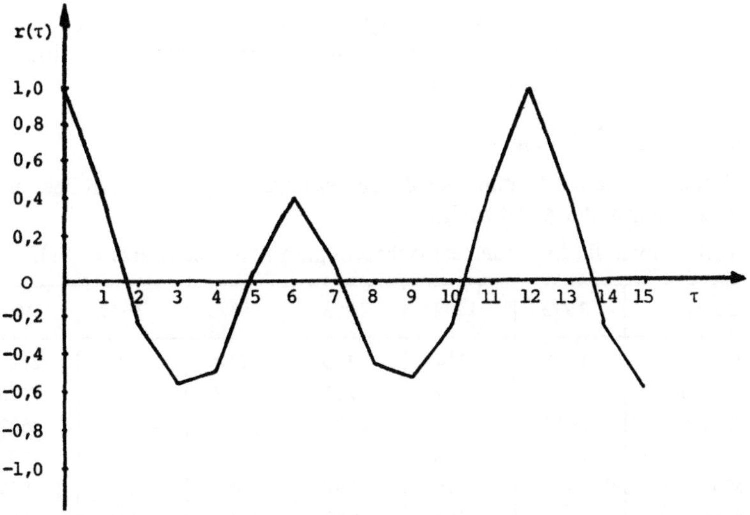

Die Graphik zeigt deutlich einen wellenförmigen Verlauf, wobei die Verschiebungen $\tau = 6$ und $\tau = 12$ Spitzen aufweisen. Dies deutet darauf hin, daß diese nur vom Trend bereinigte Zeitreihe noch Periodizitäten aufweist, die für Verschiebungen von 12 und 6 Monaten besonders ausgeprägt sind.

Nachdem nun der Einfluß des Trends ausgeschaltet worden ist, müssen auch die zyklischen Schwankungen eliminiert werden. Von diesen soll zuerst die Saisonkomponente bestimmt werden. Es bestehen verschiedene Methoden, wie beispielsweise das 12-gliedrige gleitende Mittel. Für das vorliegende Beispiel wurde die Mittelwertmethode gewählt, die schon für das Beispiel der Stellensuchenden in der Schweiz herangezogen worden ist. Der Rechengang ist aus der folgenden Tabelle ersichtlich.

Monate	Summe der Zeitreihenwerte über alle Jahre	Durchschnittswerte $\bar{y}_{sm}$
Januar	6 667	1 111
Februar	11 427	1 905
März	14 522	2 420
April	−39 613	−6 602
Mai	−13 875	−2 312
Juni	47 739	7 957
Juli	71 249	11 875
August	63 500	10 583
September	7 951	1 325
Oktober	−76 329	−12 721
November	−105 239	−17 540
Dezember	11 995	1 999
Zusammen		0

Dieser saisonale Einfluß muß ebenfalls ausgeschaltet werden. Zu diesem Zwecke werden die Monatswerte in den einzelnen Jahren um die entsprechenden Durchschnitte verringert, die für alle Jahre gleich sind, d.h.

$$y_{sb}(t) = y_{Tb}(t) - \bar{y}_{sm}$$

$\bar{y}_{sm}$: Saisonkomponente (Summe der Zeitreihenwerte für jeden Monat über alle Jahre dividiert durch die Anzahl Jahre).

Dadurch erhält man die folgenden saisonbereinigten Zeitreihenwerte $y_{sb}(t)$.

Monate	1973	1974	1975	1976	1977	1978
Januar	–1123	– 714	– 740	164	303	2111
Februar	– 853	– 657	– 787	93	373	1728
März	–2015	– 91	1824	–2023	–1295	3602
April	2106	516	–2267	193	– 970	421
Mai	377	75	– 791	–1063	560	839
Juni	1286	428	– 850	–1061	– 358	552
Juli	1894	595	– 815	–1374	– 737	436
Augst	1631	737	– 968	–1746	– 474	822
September	904	– 46	–1064	–1317	177	1347
Oktober	–1076	– 976	– 723	– 394	1789	1377
November	–2694	–1375	239	119	2286	1426
Dezember	–1838	– 678	536	366	1727	– 112

In Hotelbetrieben Beschäftigte. Saisonbereinigte Zeitreihe

Der Saisonbereinigte Wert –1123 für Januar 1973 errechnet sich nach der Formel

$$-12 - 1111 = -1123$$

und der Januarwert für 1974 aus der Beziehung

$$397 - 1111 = -714.$$

Die betrachtete Zeitreihe wird aber neben der saisonalen Komponente noch andere zyklische Komponenten umfassen. Um auch diese zu erfassen, wird die Periodogramm-Analyse durchgeführt. Mit Hilfe des angeführten Rechenschemas für die Periodogramm-Analyse werden die Amplituden $A(T)$ und $B(T)$ und daraus die Amplitudenquadrate $R(T)^2$ bestimmt. Die folgende Tabelle enthält die Resultate dieser Rechnung, sowie auch die Multiplikatoren

$$k = \frac{R(T)^2}{R_m^2}$$

wo R_m^2 das durchschnittliche Amplitudenquadrat bezeichnet. Für das vorliegende Beispiel ist $R_m^2 = 83\,677{,}41972$; die für die Berechnung dieses Wertes notwendige Streuung der saisonbereinigten Zeitreihenwerte stellt sich auf:

$$\sigma^2 = 1\,506\,193{,}555.$$

T	$A(T)$	$B(T)$	$R(T)$	k $(=R(T)^2/R_m^2)$	Wahrscheinlichkeit P	
					Schuster-Test	Walker-Test
					P_s	P_w
3	1,5139	2,3816	2,8220	0,000095	0,999905	1,000000
4	3,0833	– 0,0833	3,0845	0,000114	0,999886	1,000000
5	0,7691	–139,3375	139,3396	0,232028	0,792924	1,000000
6	1,2917	– 2,2853	2,6251	0,000082	0,999918	1,000000
7	284,3728	–204,0814	350,0244	1,464159	0,231272	0,999923
8	61,7464	–217,3932	225,9921	0,610349	0,543161	1,000000
9	142,2137	–391,2797	416,3227	2,071342	0,126017	0,992164
10	29,0169	–578,9609	579,6876	4,015871	0,018027	0,480507
11	–730,5980	–174,2264	751,0847	6,741702	0,001181	0,041636
12	– 1,2307	– 2,4779	2,7666	0,000091	0,999909	1,000000
13	–458,4749	–399,3841	608,0353	4,418240	0,012055	0,353791
14	–588,0980	266,0123	645,4625	4,978904	0,006882	0,220103
15	–195,0021	373,0224	420,9175	2,117316	0,120354	0,990113

In Hotelbetrieben Beschäftigte. Periodogramm-Analyse

Die bei einer Bedeutungsschwelle von 5 % statistisch signifikanten Periodizitäten T sind unterstrichen; es zeigt sich, daß man nach dem Schuster-Test die Periodizitäten $T_1 = 10, T_2 = 11, T_3 = 13$ und $T_4 = 14$ bedeutsam sind, während auf Grund des Walker-Tests nur die Periodizität $T_2 = 11$ hervorsticht. Setzt man 1 % als Bedeutungsschwelle fest, so sind nach dem Schuster-Test nur die Periodizitäten $T_2 = 11$ und $T_4 = 14$ und nach dem Walker-Test keine Periodizität statistisch bedeutsam. Bemerkenswert ist die Feststellung, daß für die Periodizität $T = 12$ die Amplitudenwerte sehr klein sind, was darauf schließen läßt, daß die Saisonbereinigung sehr wirkungsvoll war. Hätte man die Saisonschwankungen nicht ausgeschaltet, hätten sich Amplitudenwerte von $A(12) = -5977{,}547, B(12) = 185{,}068$ und $R(12) = 5980{,}411$, sowie $A(6) = 1032{,}486$, $B(6) = 9331{,}400$ und $R(6) = 9388{,}346$ ergeben, also sehr hohe Werte.

Auf Grund dieser Ergebnisse der Periodogramm-Analyse sollen die Periodizitäten $T(11)$ und $T(14)$ ausgeschaltet werden, d.h. es sollen die zyklischen Schwankungen eliminiert werden, die durch die folgende Fourier-Reihe gekennzeichnet sind:

$$y_z(t) = A(11) \cos \frac{2\pi}{11} t + B(11) \sin \frac{2\pi}{11} t +$$

$$+ A(14) \cos \frac{2\pi}{14} t + B(14) \sin \frac{2\pi}{14} t$$

$$y_z(t) = -730{,}60 \cos \frac{2\pi}{11} t - 174{,}22 \sin \frac{2\pi}{11} t -$$

$$-588{,}10 \cos \frac{2\pi}{14} t + 266{,}00 \sin \frac{2\pi}{14} t.$$

Aus dieser Beziehung lassen sich die nachfolgend zusammengestellten zyklischen Schwankungen berechnen.

Monate	1973	1974	1975	1976	1977	1978
Januar	– 1123	– 1107	– 459	– 505	1240	1325
Februar	– 621	– 657	– 228	523	1165	1255
März	60	– 68	7	360	769	865
April	737	493	162	35	148	269
Mai	1227	879	196	– 369	– 535	– 362
Juni	1395	1000	118	– 733	– 1095	– 859
Juli	1198	851	– 17	– 935	– 1376	– 1099
August	691	500	– 130	– 889	– 1297	– 1037
September	14	68	– 156	– 580	– 876	– 714
Oktober	– 649	– 316	– 64	– 72	– 227	– 241
November	– 1121	– 550	126	506	475	237
Dezember	– 1283	– 590	346	992	1042	591

In Hotelbetrieben Beschäftigte. Zyklische Komponenten $T(11)$ und $T(14)$

Eliminiert man diese zyklischen Schwankungen, so ergibt sich die Restkomponente. Um diese Schwankungen auszuschalten, sind sie von den entsprechenden saisonbereinigten Zeitreihenwerten abzuziehen. Für Janur 1973 ergibt sich somit der Restkomponentenwert

$$(-1123) - (-1123) = 0.$$

Die übrigen Werte der Restkomponente sind in der folgenden Tabelle zusammengefaßt.

Monate	1973	1974	1975	1976	1977	1978
Januar	0	393	– 281	– 341	– 937	786
Februar	– 232	0	– 559	– 430	– 792	473
März	– 2075	– 23	1817	– 2383	– 2064	2737
April	1369	23	– 2429	157	– 1118	152
Mai	– 850	– 804	– 987	– 694	1095	1201
Juni	– 109	– 572	– 968	– 328	737	1411
Juli	696	– 256	– 798	– 439	639	1535
August	940	237	– 838	– 857	823	1859
September	890	– 114	– 908	– 737	1053	2061
Oktober	– 427	– 660	– 659	– 322	2016	1618
November	– 1573	– 825	113	– 387	1811	1189
Dezember	– 555	– 88	190	– 626	685	– 703

In Hotelbetrieben Beschäftigte. Restkomponenten

Der letzte Schritt dieser Zeitreihen-Analyse besteht darin, zu prüfen, ob die Restkomponente nur noch zufällige Schwankungen umfaßt. Von den erwähnten Methoden soll hier jene der Autokorrelation eingesetzt werden. Die Zeitreihe der Restkomponente wird mit sich selbst korreliert und jeweils um eine Zeiteinheit verschoben. Diese Zeitverschiebung wird mit τ bezeichnet. Für jede Zeitverschiebung wird die Korrelation zwischen der unverschobenen Zeitreihe der Restkomponente und der um τ verschobenen Restkomponente $r(\tau)$ berechnet. Die Ergebnisse dieser Untersuchung sind nachfolgend zusammengestellt.

τ	$r(\tau)$	τ	$r(\tau)$
0	1,00000	8	0,27056
1	0,42669	9	0,20964
2	0,42101	10	0,25174
3	0,34404	11	0,30378
4	0,32427	12	0,14353
5	0,38469	13	0,16361
6	0,33392	14	–0,03250
7	0,25247	15	–0,06942

In Hotelbetrieben Beschäftigte. Autokorrelationskoeffizient

Die Werte dieser Autokorrelationskoeffizienten zeigen, daß sie sich mit zunehmender Verschiebung vermindern, und daß auch keine Spitzen auftreten, d.h. daß keine dieser Koeffizienten hervorstechend hohe oder tiefe Werte aufweisen.

Die Mehrzahl dieser Autokorrelationskoeffizienten weichen aber in bedeutsamer Weise vom Werte Null ab, so beispielsweise der Koeffizient $r(7) = 0{,}25247$, für welchen der t-Test den empirischen Wert $t_e = 2{,}0710$, der mit dem Schwellenwert von $t_{kr} = 2{,}0057$ ($\alpha = 0{,}05$, zweiseitiger Test) zu vergleichen ist. Der empirische Wert t_e ist größer als der kritische Wert t_{kr}, weshalb die Nullhypothese ($r(7) = 0$) abgelehnt werden muß. Die Restkomponente enthält somit noch systematische Bestandteile. Vermutlich handelt es sich um langfristige zyklische Schwankungen, die wegen der Kürze der Zeitreihe durch die Periodogramm-Analyse nicht erfaßt werden konnten.

Um diese Behauptung zu prüfen, wurde für die Restkomponente das 12-gliedrige gleitende Mittel berechnet und die Restkomponente von diesem Einfluß bereinigt (bereinigte Restkomponente). Da die so berechneten gleitenden Mittel jeweils zwischen zwei Monatswerte fallen, so z.B. der erste Durchschnittswert zwischen Juni und Juli des Jahres 1973, wurden jeweils zwei aufeinanderfolgende Mittelwerte zu einem arithmetischen Mittel zusammengezogen und dem dazwischenliegenden Monat zugeordnet. So stellte sich das erste gleitende Mittel, das zwischen Juni und Juli 1973 fällt, auf – 161; das folgende gleitende Mittel (zwischen Juli und August 1973) berechnete sich zu –128. Das daraus resultierende arithmetische Mittel –144 wurde dem Monat Juli 1973 zugeordnet. In gleicher Weise wurden auch die übrigen gleitenden Mittel bestimmt. Es ergab sich die folgende Tabelle.

Monate	1973	1974	1975	1976	1977	1978
Januar	–	–164	–471	–547	–493	1178
Februar	–	–222	–561	–548	–353	1264
März	–	–306	–627	–534	–204	1348
April	–	–325	–627	–506	– 9	1315
Mai	–	–263	–549	–548	174	1263
Juni	–161	–224	–526	–661	283	1148
Juli	–128	–280	–531	–711	427	–
August	–108	–327	–520	–741	532	–
September	63	–173	–870	–714	932	–
Oktober	– 50	–378	–654	–821	1038	–
November	– 46	–393	–630	–672	1047	–
Dezember	– 84	–426	–577	–583	1103	–

In Hotelbetrieben Beschäftigte. 12-gliedriges gleitendes Mittel aus Restkomponente

Der Wert –161 in der ersten Spalte, der auf der Zeile für Juni eingetragen ist, liegt aber richtigerweise zwischen Juni und Juli. Entsprechendes gilt auch für die übrigen Tabellenwerte.

Monate	1973	1974	1975	1976	1977	1978
Januar	–	–124	–448	–562	–538	1140
Februar	–	–193	–516	–547	–423	1221
März	–	–264	–594	–541	–278	1306
April	–	–315	–627	–520	–106	1331
Mai	–	–294	–588	–527	82	1289
Juni	–	–243	–537	–604	228	1205
Juli	–144	–252	–528	–686	355	–
August	–118	–303	–525	–726	479	–
September	– 22	–250	–695	–727	732	–
Oktober	6	–275	–762	–767	985	–
November	– 48	–385	–642	–746	1042	–
Dezember	– 65	–409	–603	–627	1075	–

Gleitendes Mittel

Von den ursprünglichen Restkomponenten wurden diese gleitenden Mittel für die entsprechenden Monate abgezogen. Die dadurch erhaltene bereinigte Restkomponente müßte im Mittel gleich Null sein. Im vorliegenden Falle aber ist der Durchschnittswert gleich 25,35 oder rund 25. Um die Restkomponente von diesem Einfluß zu bereinigen, wurden von den einzelnen Restkomponentenwerten dieser Betrag abgezogen. Die dadurch erhaltene bereinigte Restkomponente ist nachfolgend angegeben.

Monate	1973	1974	1975	1976	1977	1978
Januar	–	492	142	196	–424	–379
Februar	–	168	– 61	92	–394	–773
März	–	216	2386	–1867	–1811	1406
April	–	313	–1827	652	–1037	–1204
Mai	–	–535	–424	–192	988	–113
Juni	–	–354	–456	151	484	181
Juli	815	– 29	–295	222	259	–
August	1033	515	–338	–156	319	–
September	887	111	–238	–35	296	–
Oktober	–458	–410	78	420	1006	–
November	–1550	–465	730	334	744	–
Dezember	–515	296	768	–24	–415	–

In Hotelbetrieben Beschäftigte. Bereinigte Restkomponente

Diese bereinigte Restkomponente ist nun darauf hin zu untersuchen, ob sie eine zufällige Komponente ist. Zu diesem Zwecke wurden für diese bereinigte Restkomponente die Autokorrelationskoeffizienten für verschiedene Verschiebungen τ berechnet. Mit Hilfe des t-Testes wurde ermittelt, ob sie in zufälliger Weise vom Werte Null bei einer Bedeutungsschwelle von $\alpha = 0{,}05$ abweichen. Die Nullhypothese lautet hier $H_0 : r(\tau) = 0$. Diese Autokorrelationskoeffizienten und die entsprechenden empirischen t-Werte (t_e)[1]) sind nachfolgend zusammengestellt.

τ	$r(\tau)$	$\lvert t_e \rvert$	t_{kr}
0	1,00000	–	–
1	0,00228	0,0172	2,0025
2	–0,07018	0,5265	2,0032
3	–0,19860	1,5028	2,0040
4	–0,19383	1,4519	2,0049
5	–0,04692	0,3420	2,0057
6	–0,01980	0,1428	2,0066
7	–0,05625	0,4023	2,0076
8	–0,10237	0,7277	2,0086
9	–0,03352	0,2348	2,0096
10	0,09044	0,6292	2,0106
11	0,23150	1,6314	2,0117
12	–0,05937	0,4034	2,0129
13	0,19819	1,3564	2,0141
14	–0,17812	1,2007	2,0154
15	–0,21256	1,4264	2,0167

[1]) Die in der Formel für t einzusetzenden Werte von N hängen von den Verschiebungen τ ab; so ist für $\tau = 3$ im vorliegenden Falle $N = 60-3 = 57$.

Die empirischen t-Werte sind durchwegs kleiner als die entsprechenden kritischen Testwerte t_{kr}. Die aufgeführten Autokorrelationskoeffizienten können deshalb als zufällige Abweichungen vom Wert Null betrachtet werden. Die bereinigte Restkomponente darf deshalb als zufällige Komponente bezeichnet werden.

Die durchgeführte Untersuchung hat gezeigt, daß die Zeitreihe der in Hotelbetrieben Beschäftigten für die Zeitspanne von Januar 1973 bis Dezember 1978 in die folgenden Komponenten zerlegt werden kann:

- linearer Trend: $y_T(t) = 62\,710 - 44{,}61\,t$
- Saisonkomponente
- zyklische Schwankung:

$$y_z(t) = -730{,}60 \cos \frac{2\pi}{11} t - 174{,}22 \sin \frac{2\pi}{11} t$$

$$- 588{,}10 \cos \frac{2\pi}{14} t + 266{,}00 \sin \frac{2\pi}{14} t$$

sowie eine wegen der Kürze der Zeitreihe nicht bestimmbare längerfristige zyklische Schwankung.

Bei der zyklischen Komponente interessiert noch die Energie der berücksichtigten Periodizitäten, d.h. der Prozentanteil der durch diese Periodizitäten erklärten Schwankungen. Es ergeben sich hier die folgenden Anteile:

$$T = 11: \quad E_1 = \frac{R(11)^2}{2\sigma_{sb}2} = 0{,}1873$$

$$T = 14: \quad E_2 = \frac{R(14)^2}{2\sigma_{sb}2} = 0{,}1384$$

wo σ^2_{sb} die Streuung der saisonbereinigten Zeitreihe bezeichnet ($\sigma^2_{sb} = 1\,506\,193{,}555$). Die Periodizität $T = 11$ erklärt also rund 19 % der zyklischen Schwankungen und die Periodizität $T = 14$ rund 14 %. Die Gesamtenergie dieser beiden Periodizitäten stellt sich folglich auf rund 33 %.

Multiplikatives Modell

Für die gleiche Zeitreihe (in Hotelbetrieben Beschäftigte am Monatsende) soll nun auch die Aufgliederung in Komponenten auf Grund des *multiplikativen Modells* ($ZR = T \cdot Z \cdot R$) durchgeführt werden. Die Trendkomponente ist für beide Modelle die gleiche. Die Elimination geschieht hier aber nach einem anderen Verfahren. Die trendbereinigte Zeitreihe $y_{Tb}(t)$ ergibt sich nach der folgenden Beziehung:

$$y_{Tb}(t) = \frac{y_e(t)}{y_T(t)}.$$

Dieser Ausdruck kann noch mit dem arithmetischen Mittel der Zeitreihe multipliziert werden.

Der Wert $y_e(t)$ bedeutet die ursprüngliche Zeitreihe und $y_T(t)$ die Trendkomponente. Die Auswertung dieser Beziehung ergibt die folgenden Werte.

Monate	1973	1974	1975	1976	1977	1978
Januar	0,99980	1,00638	1,00602	1,02087	1,02336	1,05371
Februar	1,01680	1,02171	1,01816	1,03274	1,03765	1,06061
März	1,00647	1,03754	1,06901	1,00652	1,01861	1,10054
April	0,92811	0,90184	0,85570	0,89481	0,87461	0,89673
Mai	0,96904	0,96390	0,94948	0,94457	0,97097	0,97536
Juni	1,14801	1,13544	1,11581	1,11334	1,12601	1,14238
Juli	1,22067	1,20157	1,18035	1,17274	1,18483	1,20613
August	1,19588	1,18311	1,15689	1,14548	1,16789	1,19112
September	1,03579	1,02071	1,00426	1,00015	1,02497	1,04481
Oktober	0,77841	0,77812	0,78030	0,78378	0,81818	0,80962
November	0,67380	0,69336	0,71707	0,71258	0,74610	0,72938
Dezember	1,00259	1,02143	1,04149	1,03905	1,06206	1,03171

In Hotelbetrieben Beschäftigte. Trendbereinigte Werte

Für diese trendbereinigte Zeitreihe ist wiederum die Saisonkomponente zu bestimmen. Zu diesem Zweck sind für jeden Monat die trendbereinigten Werte über alle Jahre zu addieren und daraus das arithmetische Mittel für jeden Monat zu bilden. Methodisch richtiger wäre es, wenn für jeden Monat die trendbereinigten Werte über alle Jahre multipliziert würden und daraus die n-te Wurzel (n = Anzahl Jahre) gezogen würde. Der Grund liegt darin, daß es sich hier um Verhältniszahlen handelt. Es ergibt sich die folgende Saisonkomponente:

Monate	Saison-Index J_t	Monate	Saison-Index J_t
Januar	1,0184	Juli	1,1944
Februar	1,0313	August	1,1734
März	1,0398	September	1,0218
April	0,8920	Oktober	0,7914
Mai	0,9622	November	0,7122
Juni	1,1302	Dezember	1,0331

In Hotelbetrieben Beschäftigte. Saisonkomponente

Mit Hilfe dieses Saisonindexes können nun die saisonbereinigten Zeitreihenwerte ermittelt werden. Zu diesem Zwecke wird die folgende Beziehung herangezogen

$$y_{sb}(t) = \frac{y_{Tb}(t)}{J(t)}$$

wo $y_{sb}(t)$ saisonbereinigte Werte, $y_{Tb}(t)$ trendbereinigte Werte und J_t den Saisonindex bezeichnen. Die nach diesem Verfahren errechneten saisonbereinigten Zeitreihenwerte finden sich in der folgenden Tabelle.

Monate	1973	1974	1975	1976	1977	1978
Januar	0,98174	0,98820	0,98785	1,00242	1,00488	1,03467
Februar	0,98594	0,99070	0,98726	1,00139	1,00616	1,02842
März	0,96794	0,99782	1,02809	0,96799	0,97962	1,05841
April	1,04049	1,01103	0,95930	1,00316	0,98050	1,00530
Mai	1,00711	1,00177	0,98677	0,98168	1,00912	1,01367
Juni	1,01577	1,00463	0,98726	0,98509	0,99630	1,01077
Juli	1,02199	1,00599	0,98823	0,98186	0,99199	1,00982
August	1,01915	1,00828	0,98592	0,97620	0,99530	1,01509
September	1,01369	0,99894	0,98283	0,97882	1,00309	1,02251
Oktober	0,98360	0,98322	0,98597	0,99037	1,03384	1,02302
November	0,94748	0,97354	1,00684	1,00054	1,04759	1,02412
Dezember	0,97047	0,98870	1,00812	1,00576	1,02804	0,99866

In Hotelbetrieben Beschäftigte. Saisonbereinigte Zeitreihe

Nunmehr ist die Zeitreihe soweit behandelt, daß die übrigen zyklischen Schwankungen mit Hilfe der Periodogramm-Analyse ermittelt werden können. Es sind die Amplituden der Fourier-Reihe $A(T)$, $B(T)$ sowie die Amplitudenquadrate $R(T)^2$ zu berechnen. Die Resultate dieser Auswertung finden sich in der folgenden Zusammenstellung.

T	$A(T)$	$B(T)$	$R(T)$	k $(= R(T)^2/R_m^2)$	Wahrscheinlichkeit P Schuster-Test	Walker-Test
					P_s	P_w
3	−0,000012	−0,000014	0,000019	0,000016	0,999984	1,000000
4	−0,000007	−0,000003	0,000007	0,000002	0,999998	1,000000
5	0,000627	−0,003006	0,003070	0,409778	0,663798	1,000000
6	−0,000001	−0,000014	0,000014	0,000009	0,999991	1,000000
7	0,003959	−0,002872	0,004891	1,040082	0,353426	1,000000
8	0,000579	−0,003019	0,003074	0,410847	0,663088	1,000000
9	0,001342	−0,006456	0,006594	1,890471	0,151001	0,997242
10	0,000021	−0,009014	0,009014	3,532704	0,029226	0,656239
11	−0,011644	−0,001713	0,011769	6,022146	0,002424	0,083677
12	−0,000003	−0,000009	0,000009	0,000004	0,999996	1,000000
13	−0,007583	−0,005202	0,009196	3,676801	0,025304	0,602540
14	−0,008101	0,005168	0,009609	4,014473	0,018052	0,480987
15	−0,001660	0,005600	0,005840	1,482852	0,226989	0,999906

In Hotelbetrieben Beschäftigte. Periodogramm-Analyse ($\sigma^2 = 0{,}000418$, $R_m^2 = 0{,}00023$)

Bei einer Bedeutungsschwelle von 5 % ergeben sich nach dem Schuster-Test 4 statistisch signifikante Periodizitäten, nämlich $T(10)$, $T(11)$, $T(13)$ und $T(14)$; nach dem Walker-Test ist zwar keine Periodizität signifikant. Nimmt man eine Bedeutungsschwelle von 1 % an, so zeigt nur der Schuster-Test eine bedeutsame Periodizität an, nämlich $T(11)$, und eventuell noch $T(14)$. Wie beim additiven Modell wurden auch in diesem Falle die beiden Periodizitäten $T(11)$ und $T(14)$ als statistisch wichtig angenommen und diese beiden zyklischen Komponenten eliminiert. Die Ausschaltung der zyklischen Komponenten erfolgt hier nach der folgenden Beziehung:

$$y_R(t) = \frac{y_{sb}(t)}{y_z(t)+1}$$

wo $y_R(t)$ die Restkomponente, $y_{sb}(t)$ die saisonbereinigten Werte und $y_z(t)$ die zyklische Komponente bedeuten. Die zyklischen Komponenten $y_z(t)$ sind der folgenden Tabelle zu entnehmen.

Monate	1973	1974	1975	1976	1977	1978
Januar	-0,015778	-0,015936	-0,006880	0,007341	0,018791	0,020746
Februar	-0,007406	-0,008139	-0,002761	0,007494	0,016711	0,018461
März	0,003197	0,001274	0,001149	0,004814	0,009930	0,011454
April	0,013172	0,009679	0,003554	-0,000172	0,000117	0,001778
Mai	0,019781	0,014891	0,003863	-0,006188	-0,010120	-0,007859
Juni	0,021196	0,015761	0,002342	-0,011380	-0,017961	-0,014880
Juli	0,017021	0,012444	-0,000043	-0,013926	-0,021185	-0,017563
August	0,008409	0,006262	-0,002028	-0,012654	-0,018823	-0,015487
September	-0,002269	-0,000768	-0,002553	-0,007486	-0,011452	-0,009580
Oktober	-0,012105	-0,006588	-0,001181	0,000446	-0,001049	-0,001770
November	-0,018485	-0,009711	0,001706	0,009053	0,009566	0,005632
Dezember	-0,019813	-0,009631	0,005018	0,015872	0,017531	0,010645

In Hotelbetrieben Beschäftigte. Zyklische Komponenten $T(11)$ und $T(14)$

Auf Grund der oben angeführten Formel läßt sich die Restkomponente berechnen.

Monate	1973	1974	1975	1976	1977	1978
Januar	0,99748	1,00420	0,99469	0,99511	0,98635	1,01364
Februar	0,99330	0,99883	0,98999	0,99398	0,98962	1,00978
März	0,96486	0,99655	1,02691	0,96335	0,96999	1,04642
April	1,02696	1,00134	0,95590	1,00333	0,98039	1,00352
Mai	0,98755	0,98707	0,98297	0,98779	1,01944	1,02170
Juni	0,99469	0,98904	0,98495	0,99643	1,01452	1,02604
Juli	1,00489	0,99363	0,98827	0,99573	1,01346	1,02787
August	1,01065	1,00201	0,98792	0,98871	1,01439	1,03106
September	1,01599	0,99971	0,98535	0,98620	1,01471	1,03240
Oktober	0,99565	0,98974	0,98714	0,98993	1,03493	1,02483
November	0,96532	0,98309	1,00513	0,99156	1,03766	1,01838
Dezember	0,99009	0,99831	1,00309	0,99005	1,01033	0,98814

In Hotelbetrieben Beschäftigte. Restkomponente

Diese Restkomponente für das multiplikative Modell enthält noch systematische Komponenten. Sie sollte überall den Wert 1 annehmen. Es kann deshalb angenommen werden, daß auch hier der Verlauf des Autokorrelationskoeffizienten als Funktion der Verschiebung bedeutsame Werte enthält. Diese Werte sind der folgenden Zusammenstellung zu entnehmen.

τ	$r(\tau)$	τ	$r(\tau)$
0	1,00000	8	0,29407
1	0,41852	9	0,22315
2	0,40704	10	0,26093
3	0,36456	11	0,30277
4	0,36962	12	0,15128
5	0,42834	13	0,15282
6	0,34856	14	−0,02782
7	0,21470	15	−0,02322

In Hotelbetrieben Beschäftigte. Autokorrelationskoeffizient

Wie beim additiven Modell ist auch hier die Restkomponente noch mit Hilfe des 12-gliedrigen gleitenden Mittels bereinigt worden, da einzelne Autokorrelationskoeffizienten in bedeutsamer Weise von Null abweichen. Statt dieses Verfahrens könnte auch hier das gleitende Mittel der Logarithmen der Restkomponenten-Werte gebildet werden. Die derart ausgeglichene Restkomponente ist in der folgenden Tabelle festgehalten.

Monate	1973	1974	1975	1976	1977	1978
Januar	–	0,99616	0,99112	0,99123	0,99212	1,02066
Februar	–	0,99509	0,99031	0,99158	0,99393	1,02196
März	–	0,99381	0,98912	0,99164	0,99619	1,02339
April	–	0,99289	0,98841	0,99179	0,99926	1,02371
Mai	–	0,99338	0,98922	0,99135	1,00305	1,02248
Juni	–	0,99447	0,99034	0,99023	1,00581	1,02076
Juli	0,99590	0,99441	0,99056	0,98933	1,00780	–
August	0,99641	0,99365	0,99074	0,98878	1,00978	–
September	0,99796	0,99454	0,98826	0,98887	1,01381	–
Oktober	0,99822	0,99391	0,98758	0,98819	1,01795	–
November	0,99713	0,99185	0,98976	0,98856	1,01900	–
Dezember	0,99687	0,99151	0,99044	0,99064	1,01958	–

In Hotelbetrieben Beschäftigte. Gleitendes Mittel

Auch hier wäre es methodologisch richtiger, für die gleitenden Mittel das geometrische statt des arithmetischen Mittels zu bilden. Aus praktischen Gründen kann aber das arithmetische Mittel herangezogen werden. Wären alle systematischen Einflüsse ausgeschaltet, müßten sich für die Restkomponente stets die Werte Eins ergeben. Die Werte schwanken um Eins und der Durchschnittswert ist gleich 0,99796 also praktisch gleich Eins. Dieser Wert wurde von der Restkomponente noch abgezogen. Die auf diese Weise bereinigte Restkomponente ist in der folgenden Tabelle enthalten; sie sollte um 0 schwanken.

Monate	1973	1974	1975	1976	1977	1978
Januar	–	0,00807	0,00360	0,00391	–0,00582	–0,00688
Februar	–	0,00376	–0,00032	0,00242	–0,00434	–0,01192
März	–	0,00276	0,03821	–0,02853	–0,02630	0,02250
April	–	0,00851	–0,03289	0,01164	–0,01888	–0,01972
Mai	–	–0,00635	–0,00632	–0,00359	0,01634	–0,00076
Juni	–	–0,00546	–0,00544	0,00626	0,00866	0,00517
Juli	0,00903	–0,00074	–0,00231	0,00647	0,00562	–
August	0,01429	0,00841	–0,00285	–0,00007	0,00457	–
September	0,01807	0,00520	–0,00294	–0,00270	0,00089	–
Oktober	–0,00257	–0,00420	–0,00045	0,00176	0,01668	–
November	–0,03190	–0,00883	0,01553	0,00303	0,01831	–
Dezember	–0,00680	0,00686	0,01277	–0,00060	–0,00907	–

In Hotelbetrieben Beschäftigte. Bereinigte Restkomponente

Für diese bereinigte Restkomponente wurden die Autokorrelationskoeffizienten bestimmt und nachfolgend zusammengestellt:

τ	$r(\tau)$	$\lvert t_e \rvert$	t_{kr}
0	1,00000	–	–
1	–0,04031	0,3046	2,0025
2	–0,11285	0,8499	2,0032
3	–0,17849	1,3453	2,0040
4	–0,14490	1,0762	2,0049
5	0,01159	0,0844	2,0057
6	0,00961	0,0693	2,0066
7	–0,09512	0,6824	2,0076
8	–0,09829	0,6984	2,0086
9	–0,06320	0,4433	2,0096
10	0,06500	0,4555	2,0106
11	0,23051	1,6240	2,0117
12	–0,08155	0,5549	2,0129
13	0,18026	1,2294	2,0141
14	–0,19827	1,3418	2,0154
15	–0,15434	1,0243	2,0167

Wie beim additiven Modell, so finden wir auch hier Autokorrelationskoeffizienten, deren t_e-Werte durchwegs kleiner sind als die entsprechenden t_{kr}-Werte. Es folgt daraus, daß die ermittelte bereinigte Restkomponente als Zufallskomponente betrachtet werden kann, die keine systematischen Bestandteile mehr umfaßt.

Der dargelegte Untersuchungsvorgang dient vor allem dazu, aus einer gegebenen Zeitreihe die einzelnen Komponenten herauszuschälen. Dadurch wird eine neue Erkenntnis über die innere Struktur der Zeitreihe gewonnen, die auch für Prognoserechnungen nützlich sein könnte.

4. Frequenzbezogene Analyse-Verfahren

Die zeitbezogene Zeitreihen-Analyse ist weit verbreitet. Sie wird stets herangezogen, wenn es gilt, eine Zeitreihe zu untersuchen. Es hat sich aber gezeigt, daß dieses Untersuchungsverfahren gewisse Nachteile aufweist, vor allem hinsichtlich der Analyse von zyklischen Schwankungen mit Hilfe der Periodogramm-Analyse. Untersuchungen haben gezeigt, daß die logischen und mathematischen Voraussetzungen für den Einsatz der Periodogramm-Analyse bei ökonomischen Zeitreihen in der Regel nicht gegeben sind. Es soll deshalb kurz auf diese Nachteile eingegangen werden.

4.1 Nachteile der Periodogramm-Analyse bei ökonomischen Zeitreihen

Die harmonische Analyse wurde auf naturwissenschaftlichem Gebiet entwickelt. Ihre bekannteste Anwendung bei ökonomischen Zeitreihen geht vor allem auf Sir W. H. Beveridge zurück, der diese Untersuchungsmethode auf die Weizenproduktion und die Weizenpreise angewendet hatte [*Beveridge,* 1921, 1922]. Erstmals aber wurde die Periodogramm-Analyse im Jahre 1914 durch H.L. Moore bei Wirtschaftsreihen eingesetzt [*Moore,* 1914].

Gegen dieses Untersuchungsverfahren werden vor allem zwei Einwände angeführt. Wie das angeführte Beispiel schon gezeigt hat, werden bei der Periodogramm-Analyse oft viele Periodizitäten entdeckt, die aber nicht alle berücksichtigt werden können. Im angeführten Beispiel wurden nur deren zwei hervorgehoben. Die Interpretation dieses Untersuchungsergebnisses ist deshalb schwierig. Der zweite, wichtigere Einwand besagt, daß bei der Periodogramm-Analyse angenommen wird, die Zyklen wiederholen sich in genauen Zeiträumen. Die Konstanz der Periodizitäten ist aber bei Wirtschaftsreihen kaum anzunehmen. Historische Betrachtungen von Wirtschaftsreihen zeigen sich ändernde Muster der zyklischen Bewegungen. Diese Tatsache kann dadurch erklärt werden, daß ökonomische Zeitreihen das Abbild adaptiver Prozesse sind, d.h. von Entwicklungen, die sich gegenseitig beeinflussen und auch selbstbestimmend sind. Das Modell eines Wirtschaftssystems ist, in der Sprache der Systemtheorie und Kybernetik, ein adaptives Modell. Deshalb ist beispielsweise die rein ökonometrische Betrachtungsweise eines Wirtschaftssystems nicht modellkonform, denn diese Betrachtungsweise geht von einer deterministischen Annahme über das Wirtschaftsgeschehen aus; das Einfügen von Zufallskomponenten kann nicht über diese Tatsache hinwegtäuschen. In diesem Zusammenhang ist auch darauf hinzuweisen, daß das Problem der Konjunkturschwankungen vor allem ein system-theoretisches Problem auf ökonomischem Hintergrund ist.

Um diese Nachteile der Anwendung der klassischen Periodogramm-Analyse auf ökonomische Zeitreihen abzuschwächen oder gar aufzuheben, wurde die ebenfalls aus der Physik stammende Methode der Spektralanalyse in die Wirtschaftswissenschaften eingeführt.

4.2 Spektralanalyse

4.2.1 Grundlagen

Aus der Wahrscheinlichkeitstheorie kennt man die Beziehung zwischen der Dichtefunktion $f(x)$ bzw. der Wahrscheinlichkeitsfunktion p_x und der charakteristischen Funktion $C(\nu)$. Die Dichtefunktion $f(x)$ bestimmt eindeutig die charakteristische Funktion $C(\nu)$, nämlich

$$C(\nu) = \int_{-\infty}^{\infty} e^{i\nu x} f(x)\, dx \qquad (i = \sqrt{-1})$$

und umgekehrt kann aus der charakteristischen Funktion $C(\nu)$ durch die Fourier-Transformation eindeutig die Dichtefunktion abgeleitet werden,

$$f(x) = \frac{1}{2\pi} \int_{-\infty}^{\infty} C(\nu)\, e^{-i\nu x}\, d\nu.$$

Für unstetige Variablen gelten die folgenden Beziehungen:

$$C(\nu) = \sum_{x=-\infty}^{\infty} p_x\, e^{i\nu x}$$

und

$$p_x = \frac{1}{2\pi} \int_{-\pi}^{\pi} C(\nu)\, e^{-i\nu x} d\nu.$$

Die praktische Bedeutung der charakteristischen Funktion liegt bekanntlich darin, daß sie manchmal die Bestimmung der statistischen Momente erleichtert.

Analoge Beziehungen gelten nun auch zwischen dem Autokorrelationskoeffizienten $r(\tau)$ oder der Autokovarianz $C(\tau)$ und der Spektraldichte $f(\lambda_j)$. Es gelten hier nämlich die Beziehungen:

$$f(\lambda) = \sum_{j=-\infty}^{\infty} r(j)\, e^{ij\lambda}$$

und

$$r(k) = \frac{1}{2\pi} \int_{-\pi}^{\pi} f(\lambda)\, e^{-ik\lambda} d\lambda.$$

Wegen der Symmetrie-Eigenschaft dieser Funktion kann man auch folgenden Ausdruck verwenden:

$$r(k) = \frac{1}{\pi} \int_{0}^{\pi} f(\lambda)\, e^{-ik\lambda} d\lambda.$$

Obwohl folglich das Spektrum theoretisch aus dem Korrelogramm abgeleitet werden kann und umgekehrt, empfiehlt es sich, beide zu bestimmen, denn die Schätzung des Spektrums aus dem Korrelogramm und umgekehrt ist oft sehr schwierig und erfordert große Erfahrung.

Die Autokorrelations- bzw. Autokovarianz-Funktion bildet einen wesentlichen Bestandteil der Spektraldichte-Funktion. Demgegenüber wird in der Periodogrammanalyse die Autokovarianz-Funktion überhaupt nicht berücksichtigt; ausschlaggebende Grundlage sind hier die periodischen Funktionen des Sinus und Cosinus.

In der Theorie der Zeitreihenanalyse ist es der besseren mathematischen Behandlung wegen sehr oft vorteilhaft, die zyklischen Komponenten der Zeitreihe durch komplexe Zufallsvariable darzustellen. Eine komplexe Zahl besteht bekanntlich aus dem realen und dem imaginären Teil, wobei der imaginäre Teil den Faktor $i = \sqrt{-1}$ enthält. Nach der Euler'schen Beziehung gilt nämlich:

$$e^{i\lambda t} = \cos \lambda t + i \sin \lambda t$$

$$e^{-i\lambda t} = \cos \lambda t - i \sin \lambda t.$$

Diese Beziehungen leiten sich aus den Reihenentwicklungen der e-Funktion und der trigonometrischen Funktionen ab.

Wesentlicher Bestandteil der Fourier-Entwicklung ist die Beziehung eines harmonischen Prozesses

$$y(t) = A \cos \lambda t + B \sin \lambda t$$

wo A und B unabhängige reelle Zufallsvariablen mit Mittelwert Null und mit der Streuung σ^2 sind. Führt man die Euler'schen Beziehungen in diese Beziehung des harmonischen Prozesses ein, so ergibt sich:

$$y(t) = \frac{A}{2}(e^{i\lambda t} + e^{-i\lambda t}) + \frac{B}{2i}(e^{i\lambda t} - e^{-i\lambda t}).$$

Hier stellen die Werte $e^{i\lambda t}$ bzw. $e^{-i\lambda t}$ hamonische Schwingungen in komplexer Darstellung dar.

Auf Grund dieser Überlegungen und Ansätze kann die zyklische Komponente nach *Grenander/Rosenblatt* [1957] durch die Periodogramm-Funktion

$$P_n(\lambda) = \frac{1}{2\pi n} \left| \sum_{t=1}^{n} y(t) e^{i\lambda t} \right|^2$$

dargestellt werden.

Diese Funktion kann auf Grund der Euler'schen Beziehungen folgendermaßen geschrieben werden:

$$P_n(\lambda) = \frac{1}{2\pi n} \left| \sum_{t=1}^{n} y(t) (\cos \lambda t + i \sin \lambda t) \right|^2 =$$

$$= \frac{1}{2\pi n} \left| \sum_{t=1}^{n} y(t) \cos \lambda t + i \sum_{t=1}^{n} y(t) \sin \lambda t \right|^2 =$$

$$= \frac{1}{2\pi n} \left[\left(\sum_{t=1}^{n} y(t) \cos \lambda t \right)^2 + \left(\sum_{t=1}^{n} y(t) \sin \lambda t \right)^2 \right]$$

da allgemein $|a + bi| = |\sqrt{a^2 + b^2}|$ ist. Dieser Ausdruck läßt sich weiter entwickeln:

$$P_n(\lambda) = \frac{1}{2\pi n}\{\sum_{t=1}^{n} y^2(t) + [2\sum_{t=1}^{n-1} y(t)y(t+1)]\cos\lambda +$$

$$+ [2\sum_{t=1}^{n-2} y(t)y(t+2)]\cos 2\lambda + \ldots + [2\,y(1)y(n)]\cos(n-1)\lambda\}.$$

Weiter gelten die folgenden Beziehungen:

$$\sum_{t=1}^{n} y^2(t) = nC(0)$$

$$\sum_{t=1}^{n-1} y(t)y(t+1) = nC(1)$$

$$\sum_{t=1}^{n-2} y(t)y(t+2) = nC(2) \qquad \text{usw.}$$

wo $C(\tau)$ die Autokovarianz mit Verschiebung τ ist.

Berücksichtigt man die obigen Beziehungen, so ergibt sich:

$$P_n(\lambda) = \frac{1}{2\pi n}[nC(0) + 2n\sum_{\tau=1}^{n-1} C(\tau)\cos\lambda\tau] =$$

$$= \frac{1}{2\pi}C(0) + \frac{1}{\pi}\sum_{\tau=1}^{n-1} C(\tau)\cos\lambda\tau.$$

Diese Beziehung der Periodogramm-Funktion stellt die Spektral-Funktion

$$\underline{S_n(\lambda) = \frac{1}{2\pi}C(0) + \frac{1}{\pi}\sum_{\tau=1}^{n-1} C(\tau)\cos\lambda\tau}$$

dar. Der Erwartungswert dieser Funktion wird als Spektraldichte $f(\lambda)$ bezeichnet:

$$\lim_{n\to\infty} E[S_n(\lambda)] = f(\lambda).$$

Die Streuung der Spektral-Funktion bei sehr großen Werten von n ist:

$$\lim_{n\to\infty} \mathrm{Var}[S_n(\lambda)] = f(\lambda)^2.$$

Dies besagt, daß die Varianz von der Anzahl Beobachtungswerte in der Zeitreihe unabhängig ist und folglich bei größer werdenden Werten von n nicht gegen Null konvergiert. Diese Tatsache wirkt sich störend aus, wenn das Spektrum einer Zeitreihe direkt aus der Spektral-Funktion bestimmt wird.

Um gleichwohl zu verwertbaren Schätzungen des Spektrums zu gelangen, werden die

Kovarianzen in der Spektral-Funktion mit besonderen mathematischen Ausdrücken gewichtet. Diese Gewichte werden als „Fenster", Kernels oder Filter bezeichnet. Die Bezeichnung Fenster wird am meisten verwendet. Das Fenster wird in der statistischen Literatur folgendermaßen definiert. Es sollen zwei periodische Funktionen g und f mit einer Periodizität von 2π gegeben sein. Diese beiden Funktionen sind durch die Faltung

$$g(x) = \int_{-\pi}^{\pi} G(x-y)\, f(y)\, dy$$

miteinander verbunden, wo G Fenster genannt wird, durch welches f betrachtet wird. Die Funktion G soll folgende Bedingungen erfüllen:

$$G(x) = G(-x)$$

$$\int_{-\pi}^{\pi} G(x)\, dx = 1$$

$|G(x)| < G(0)$ für alle x, d.h. an der Stelle $x = 0$ sollte diese Funktion den größten Werte aufweisen. Unter diesen Voraussetzungen kann G als Gewichtsfunktion für f aufgefaßt werden.

Es wurden verschiedene Gewichtsfunktionen oder Fenster vorgeschlagen. Eine einfache Gewichtsfunktion ist durch Mittelwertbildung gegeben, wie sie von Daniell und Bartlett vorgeschlagen wurde. Daniell bestimmt das Mittel benachbarter Ordinatenwerte im Periodogramm, d.h. er führt eine Glättung des Periodogramms durch. Bartlett gliedert die Zeitreihe in verschiedene Gruppen ein mit je gleich vielen Beobachtungswerten. Für jede Gruppe wird dann das Periodogramm bestimmt und das Mittel aus diesen Periodogrammwerten gebildet. Andere Statistiker haben kompliziertere Gewichtsfunktionen vorgeschlagen. Von diesen Gewichtsfunktionen sind jene von Tukey-Hanning, Parzen, Hann, Hamming die bekanntesten.

Nach Tukey-Hanning nimmt die Gewichtsfunktion folgende Form an, wobei die Zeitreihe in zwei Teile aufgespalten wird:

$$\text{für } \tau < q\colon \frac{1}{2}\left[1 + \cos\frac{2\pi\tau}{q}\right]$$

$$\text{für } \tau \geqslant q\colon 0.$$

Der Wert q ist der Punkt des Reihenabbruchs. Bei langen Zeitreihen kann angenommen werden, daß $n/6 < q < n/5$.

Die Gewichtsfunktion nach Parzen, der ebenfalls eine Zweiteilung der Zeitreihe vornimmt, lautet folgendermaßen:

$$\text{für } \tau \leqslant \frac{q}{2}\colon 1 - 6\left(\frac{\tau}{q}\right)^2 + 6\left(\frac{\tau}{q}\right)^3$$

$$\text{für } \frac{q}{2} < \tau < q\colon 2\left[1 - \frac{\tau}{q}\right]^3$$

$$\text{für } \tau \geqslant q \quad 0.$$

Hann empfiehlt die folgende Gewichtsfunktion:

$$\frac{1}{2}\left(1 + \cos\frac{\pi\tau}{q}\right)$$

und Hamming führt die Funktion

$$0{,}54 + 0{,}46 \cos\frac{\pi\tau}{q}$$

an.

Vergleicht man die Gewichtungsfunktion von Tukey-Hanning mit jener von Parzen, so ergibt sich, daß im Gegensatz zur Tukey-Hanning-Funktion jene von Parzen stets positive Werte aufweist. Hinzu kommt, daß die relative Streuung der Gewichtungsfunktion von Parzen kleiner ist als jene für die Tukey-Hanning-Funktion. Setzt man die relative Streuung der Gewichtungsfunktion von Tukey-Hanning gleich 1, so ist die von Parzen 0,72 [*Fishman,* 1969, S. 94].

Für das nachfolgend angeführte Beispiel wird die Gewichtungsfunktion von Parzen verwendet. Somit ergibt sich die folgende Spektraldichte-Funktion:

$$f(\lambda_j) = \frac{1}{2\pi} C(0) + \frac{1}{\pi} \sum_{\tau=1}^{q/2} C(\tau)\left[1 - 6\left(\frac{\tau}{q}\right)^2 + 6\left(\frac{\tau}{q}\right)^3\right] \cdot \cos\tau\lambda_j +$$

$$+ \frac{2}{\pi} \sum_{\tau=q/2+1}^{q} C(\tau)\left(1 - \frac{\tau}{q}\right)^3 \cos\tau\lambda_j$$

$f(\lambda_j)$: Spektraldichte im Punkte λ_j

$\lambda_j = \frac{\pi}{q} j$: Frequenz ($j = 0, 1, 2, \ldots, q$)

n : Anzahl Zeitreihenwerte y_t

q : Punkt des Reihenabbruchs. Bei langen Zeitreihen kann q zwischen $n/6 < q < n/5$ angenommen werden.

$C(\tau)$: Autokovarianz: $\frac{1}{n} \sum_{t=1}^{n-\tau} (y_t - \bar{y}.)(y_{t+\tau} - \bar{y}.)$

$\bar{y}$: Arithmetisches Mittel der Zeitreihe.

Für die praktische Berechnung der Spektraldichten nach Parzen kann das folgende Rechenschema dienlich sein, das auf den folgenden Vereinfachungen beruht.

$$A(\tau) = \left[1 - 6\left(\frac{\tau}{q}\right)^2 + 6\left(\frac{\tau}{q}\right)^3\right]$$

$$B(\tau) = \left[2\left(1 - \frac{\tau}{q}\right)^3\right]$$

$$f(\lambda_j) = \frac{1}{2\pi} C(0) + \frac{1}{\pi} \sum_{\tau=1}^{q/2} C(\tau) A(\tau) \cos\tau\lambda_j +$$

$$+ \frac{1}{\pi} \sum_{\tau=q/2+1}^{q} C(\tau) B(\tau) \cos\tau\lambda_j.$$

Der logische Rechenablauf geht aus dem Ablaufdiagramm für die Berechnung der Spektraldichte nach Parzen hervor.

Bevor auf die Anwendung dieser Methode eingegangen wird, soll der schematische Ablauf einer Zeitreihen-Analyse dargelegt werden. Dieser Ablauf zeigt die einzelnen Schritte, die zu durchlaufen sind, um eine Zeitreihe zu analysieren. Anstelle des verwendeten Saison-Ausgleichs können auch andere Verfahren verwendet werden, wie beispielsweise

$$y_{t_{sb}} = \frac{1}{24}(y_{t-6} + y_{t+6}) + \frac{1}{12} \sum_{s=-5}^{5} y_{t-s}.$$

Es handelt sich hier um einen einfachen linearen Filter mit den Gewichten 1/12 (11 mal) und 1/24 (2 mal).

Rechenschema. Berechnung der Spektraldichten λ_j nach Parzen ($j = 0, 1, 2, 3, \ldots, q$)

$\underline{j = \ldots}$

τ	$C(\tau)$	$A(\tau)$	$B(\tau)$	$\tau\lambda_j$	$\cos \tau\lambda_j$	p (2) (3) (5)
(1)	(2)	(3a)	(3b)	(4)	(5)	(6)
1						
2						
•						
•						
•						
$q/2$						
$(q/2)+1$						
•						
•						
•						
q						
Σ						Σj

$$f(\lambda_j) = \frac{1}{2\pi} C(0) + \frac{1}{\pi} \Sigma j$$

$$C(0) = \frac{1}{n} \sum_{t=1}^{n-\tau} (y_t - \bar{y}.)^2$$

$$C(\tau) = \frac{1}{n} \sum_{t=1}^{n-\tau} (y_t - \bar{y}.)(y_{t-\tau} - \bar{y}.)$$

Ablaufdiagramm

Berechnung der Spektraldichte nach Parzen

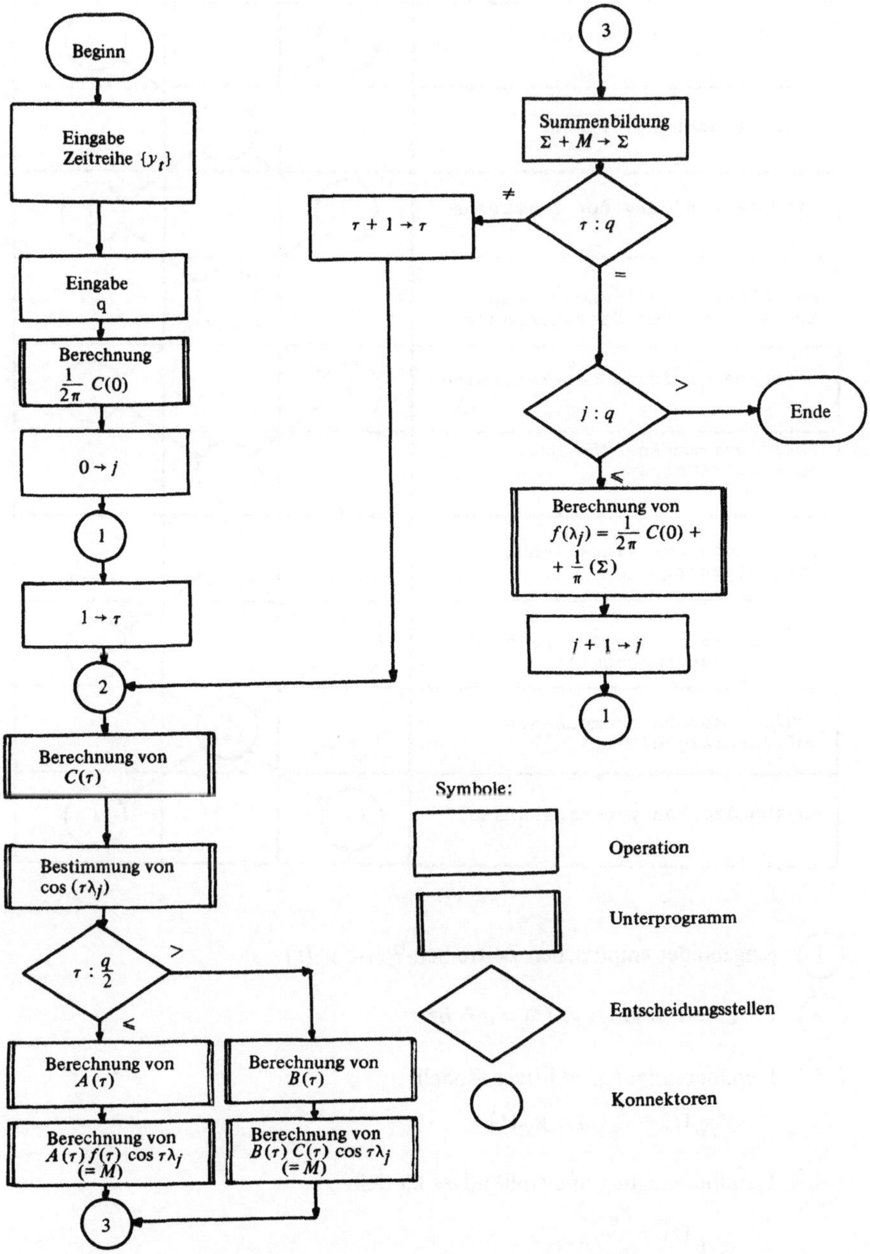

Allgemeine Zeitreihen-Analyse

Operationen	**Additionsmodell**	**Beide Modelle**	**Multiplikationsmodell**
Grundwerte der Zeitreihe	1		1
Trendberechnung, linear		2	
Trendbereinigung der Zeitreihe	3		4
Berechnung der Saisonschwankungen bzw. des Saisonindexes		5	
Saisonbereinigung der Zeitreihe	6		7
Periodogramm-Analyse bzw. Spektral-Analyse		8	
Ermittlung der signifikanten Periodizitäten		9	
Zyklenbereinigung der Zeitreihe (Restkomponente)	10		11
Prüfung der Restkomponente auf Zufälligkeit		12	
Angabe der Analyse-Ergebnisse	13		14

(1) Eingabe der empirischen Zeitreihen-Werte $y_e(t)$

(2) Trendberechnung: $y_T(t) = a + bt$

(3) Trendbereinigung, additives Modell:

$$y_{Tb}(t) = y_e(t) - y_T(t)$$

(4) Trendbereinigung, multiplikatives Modell:

$$y_{Tb}(t) = \frac{y_e(t)}{y_T(t)}$$

(5) Berechnung der Saisonschwankungen, bzw. des Saisonindexes

$$\bar{y}_{sm} = \frac{S_{ym}}{n} = J_m(t)$$

S_{ym}: Summe aller Merkmalswerte je Monat über alle Jahre

n: Anzahl Jahre

(6) Saisonbereinigung der Zeitreihe, additives Modell:

$$y_{sb}(t) = y_{Tb}(t) - \bar{y}_{sm}$$

(7) Saisonbereinigung der Zeitreihe, multiplikatives Modell:

$$y_{sb}(t) = \frac{y_{Tb}(t)}{J_m(t)}$$

(8) Periodogramm- bzw. Spektralanalyse

(9) Periodogramm-Analyse:

$$y_z(t) = A_0 + \sum_{i=1}^{n} \left[A(T_i) \cos \frac{2\pi}{T_i} t + B(T_i) \sin \frac{2\pi}{T_i} t \right]$$

Spektral-Analyse: Parzen-Fenster

$$f(\lambda_j) = \frac{1}{2\pi} C(0) + \frac{1}{\pi} \sum_{\tau=1}^{q/2} \left[1 - 6\left(\frac{\tau}{q}\right)^2 + 6\left(\frac{\tau}{q}\right)^3 \right] \cos(\tau\lambda_j)\, C(\tau) +$$

$$+ \frac{1}{\pi} \sum_{\tau=q/2+1}^{q} 2\left(1 - \frac{\tau}{q}\right)^3 \cos(\tau\lambda_j)\, C(\tau)$$

(10) Zyklenbereinigung der Zeitreihe (Restkomponente), additives Modell:

$$y_R(t) = y_{sb}(t) - y_z(t)$$

(11) Zyklenbereinigung der Zeitreihe (Restkomponente), multiplikatives Modell:

$$y_R(t) = \frac{y_{sb}(t)}{y_Z(t) + 1}$$

(12) Prüfung der Restkomponente auf Zufälligkeit. Autokorrelation der $y_R(t)$-Werte (oder andere Methoden).

(13) Angabe der Analyse-Ergebnisse; additives Modell:

$$y_e(t) = y_T(t) + y_s(t) + y_Z(t) + y_R(t) + e(t)$$

$y_T(t)$: Trendkomponente

$y_s(t)$: Saisonkomponente

$y_Z(t)$: Zyklische Komponente

$y_R(t)$: Restkomponente

$e(t)$: Zufällige Schwankungen.

(14) Angabe der Analyse-Ergebnisse, multiplikatives Modell:

$$y_e(t) = y_T(t) \cdot y_s(t) \cdot y_Z(t) \cdot y_R(t) \cdot e(t).$$

4.2.2 Praktischer Einsatz

Die Berechnung der Spektraldichte nach Parzen soll für das Beispiel der in Hotelbetrieben Beschäftigten, Schweiz 1973–1978, praktisch an Hand des Rechenschemas durchgeführt werden. Für die Beispielrechnung sollen die Werte $j = 0$, $q = 12$ und $\lambda_j = 0$, gegeben sein. Zuerst sind Varianz $C(0)$ und die Kovarianzen $C(\tau)$ zu bestimmen. Die Werte $A(\tau)$ und $B(\tau)$ sind aus den angegebenen Formeln zu berechnen. Die ausgefüllte Rechentabelle ist nachfolgend aufgeführt. Die Auswertung ergibt für die Spektraldichte den Wert 5 020 600 (bei genauerer Rechnung erhält man 5 041 130,984).

Für die einzelnen Werte von j sind die Spektraldichten übersichtlich zusammengestellt.

Rechentabelle Spektral-Analyse;

$j = 0$ $q = 12$ $\lambda_j = 0$

τ	$C(\tau)$ ($x\ 10^{-6}$)	$A(\tau)$	$B(\tau)$	$\tau\lambda j$	$\cos \tau\lambda j$	P ($x\ 10^{-6}$)
(1)	(2)	(3a)	(3b)	(4)	(5)	(6)=(2)(3)(5)
1	33,730	0,96180		0	1	32,4415
2	– 15,635	0,86110		0	1	– 13,4633
3	– 37,982	0,71872		0	1	– 27,2984
4	– 32,786	0,55550		0	1	– 18,2126
5	3,817	0,39228		0	1	1,4973
6	27,921	0,24988		0	1	6,9769
7	6,072		0,14468	0	1	0,8784
8	– 28,172		0,07408	0	1	– 2,0870
9	– 32,572		0,03126	0	1	– 1,0182
10	– 14,038		0,00926	0	1	– 0,1300
11	27,014		0,00116	0	1	– 0,0313
12	–		–	–	–	–
Σ	–	–	–	–	–	– 20,4467

$n = 72$ $\frac{n}{6} = 12$ $\frac{n}{5} = 14{,}5$ $q = 12$

$$\lambda_j = \frac{\pi}{q} j = 0$$

$$A(\tau) = \left[1 - 6\left(\frac{\tau}{q}\right)^2 + 6\left(\frac{\tau}{q}\right)^3\right] = 1 - 0{,}04167\tau^2 + 0{,}00347\tau^3$$

$$B(\tau) = 2\left(1 - \frac{\tau}{q}\right)^3$$

$$C(0) = 72\,439\,146{,}08$$

$$f(\lambda_0) \cdot 10^{-6} = \frac{1}{2\pi} C(0) + \frac{1}{\pi}\Sigma = \frac{1}{2\pi} \cdot 72{,}439 - \frac{1}{\pi} 20{,}4467 = 5{,}0206$$

$\underline{f(\lambda_0) = 5\,020\,600}$ (genauer Wert: 5 041 130,984).

j	Frequenzen λ_j	Periodizitäten T_j	Spektraldichten $f(\lambda_j)$
0	0	∞	5 041 130,98
1	1/24	24	9 387 340,28
2	1/12	12	18 671 307,53
3	1/8	8	29 733 489,00
4	1/6	6	33 705 465,60
5	5/24	4,8	21 413 800,51
6	1/4	4	7 172 085,73
7	7/24	3,43	3 861 889,11
8	1/3	3	4 585 273,33
9	9/24	2,67	3 591 615,48
10	10/24	2,4	2 078 143,70
11	11/24	2,2	1 186 154,66

Spektraldichten. In Hotelbetrieben Beschäftigte, Schweiz, 1973–1978

Bei der graphischen Aufzeichnung dieser Spektraldichten trägt man auf der Abszissenachse die Werte $(\pi/q)j$ $(q = 12)$ und auf der Ordinatenachse die entsprechenden Spektraldichten ab. Setzt man den Kreisbogen 2π gleich Eins, so können daraus die Periodenlängen bestimmt werden. Für

$$\lambda_j = \frac{\pi}{q} j \quad (q = 12)$$

ergibt sich somit für die an der Stelle $j = 4$ festgestellte größte Spektraldichte der Wert $\lambda_j = (\pi/12) \cdot 4 = \pi/3$; berücksichtigt man, daß $\pi = 1/2$ ist, so ergibt sich für λ_4 der Wert 1/6. Die Periodenlänge ist der Kehrwert der Frequenz, d.h. in diesem Falle 6. Dieses Ergebnis stimmt mit jenem der Periodogramm-Analyse überein. Der höchste Wert der Spektraldichte wird für die Periodizität 6 erreicht. Einen ebenfalls hohen Wert findet man für $\lambda_j = 3$, d.h. $\lambda_3 = 1/8$, oder für die Periodizität 8. Die folgende Abbildung vermittelt das Bild der Spektraldichte-Funktion, d.h. das Spektrogramm.

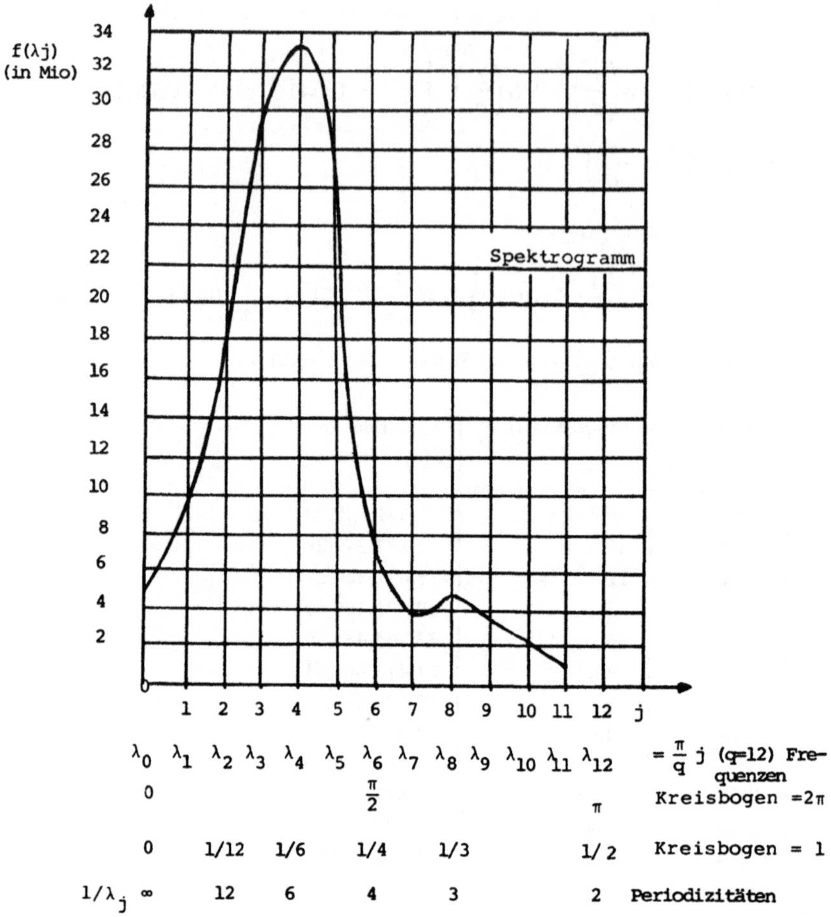

Die Spektraldichten können auch mit Hilfe der Tafeln im Anhang überschläglich rasch ermittelt werden. Zu diesem Zwecke sind die Werte $C(0)$ und $C(k)$ für $k = 1, 2, \ldots, q$ zu berechnen. Die Werte $C(k)$ sind dann für $j = 1$ bis q mit den Tafelwerten $\lambda_j(k)$ zu multiplizieren und für jedes j (jede Spalte) zu addieren. Diese Summen sind durch π zu dividieren und zu $(1/2\pi)\ C(0)$ zu addieren. Auf diese Weise wurde die Spektraldichte $f(\lambda_0)$ ermittelt. Es ergab sich der Wert 5 051 088,43 verglichen mit 5 041 130,98 bei genauer Rechnung.

5. Mehrreihen-Problem

Bisher wurde stets nur eine einzige Zeitreihe betrachtet. In der Praxis aber sind oft mehrere Zeitreihen gleichzeitig zu untersuchen, indem beispielsweise ihre gegenseitigen

Beziehungen zu bestimmen versucht wird. Im folgenden sollen zwei wichtige Probleme kurz behandelt werden, nämlich die Regressions-Analyse und die Kreuz-Spektral-Analyse.

5.1 Regressions-Analyse

Die Regressions-Analyse kann ganz allgemein als die Untersuchung der Beziehungen zwischen mehreren Variablen bezeichnet werden. Diese Beziehung wird in der Regel als mathematische Funktion dargestellt, die das Verhalten einer abhängigen Variablen von einer oder mehreren unabhängigen Variablen beschreibt. Bezeichnet man die abhängige Variable mit y und die unabhängigen Variablen mit $x_1, x_2, x_3, \ldots, x_p$, so kann diese Beziehung folgendermaßen lauten:

$$y = a_0 + a_1 x_1 + a_2 x_2 + \ldots + a_p x_p$$

wo $a_0, a_1, a_2, \ldots, a_p$ Koeffizienten darstellen. Diese Beziehung wird als Regressionsgleichung und die Koeffizienten als Regressionskoeffizienten bezeichnet.

Die abhängige Variable y wie auch die unabhängigen Variablen $x_i (i = 1, 2, \ldots, p)$ sind durch Zeitreihen gegeben, die n Werte umfassen. Diese einzelnen Zeitreihen können folgendermaßen dargestellt werden.

Beobachtungswerte	Variablen						
	y	x_1	x_2	$\cdots$	x_j	$\cdots$	x_p
1	y_1	x_{11}	x_{12}	.	x_{1j}	.	x_{1p}
2	y_2	x_{21}	x_{22}	.	x_{2j}	.	x_{2p}
.	.	.	.	.	.	.	.
.	.	.	.	.	.	.	.
.	.	.	.	.	.	.	.
i	y_i	x_{i1}	x_{i2}	.	x_{ij}	.	x_{ip}
.	.	.	.	.	.	.	.
.	.	.	.	.	.	.	.
.	.	.	.	.	.	.	.
n	y_n	x_{n1}	x_{n2}	.	x_{nj}	.	x_{np}

Damit kann die angeführte Regressionsgleichung genauer beschrieben werden:

$$y_i = a_0 + a_1 x_{i1} + a_2 x_{i2} + \ldots + a_p x_{ip}.$$

Das Ziel der Regressions-Analyse ist es, die Regressionskoeffizienten zahlenmäßig zu bestimmen, um daraus Schlüsse ziehen zu können. Die Zahlenwerte der Regressionskoeffizienten geben uns vor allem Hinweise auf das Gewicht der entsprechenden unabhängigen Variablen innerhalb der Regressionsgleichung. In der Ökonometrie kann eine solche Analyse für die Wirtschaftspolitik wertvoll sein. In der Zeitreihen-Analyse fallen die abhängigen und unabhängigen Variablen, wie angegeben wurde, als Zeitreihen an; es kann sich aber auch um verschiedene Ausprägungen bestimmter Merkmale eines Elementes handeln, wie beispielsweise das Körpergewicht und die Körpergröße bei verschiedenen Personen.

Beinhaltet die Regressionsgleichung nur eine unabhängige Variable, spricht man von einer einfachen Regressionsgleichung, enthält sie aber mehrere unabhängige Variablen, handelt es sich um eine multiple oder mehrfache Regressionsgleichung. Sind die Regressionskoeffizienten in linearer Form gegeben, spricht man von einer linearen Regressionsgleichung; sind sie aber als nicht-lineare Funktionen gegeben, wie z.B. e^{a_i}, ln a_i so bezeichnet man die Regressionsgleichung als nicht-linear. Ob eine Regressionsgleichung linear oder nicht-linear ist, hängt somit nur von der Form der Regressionskoeffizienten ab. Sind hingegen die unabhängigen Variablen in nicht-linearer Form gegeben, wird die Regressionsgleichung als polynomial bezeichnet.

Die Parameter der Regressionsgleichung, d.h. die Regressionskoeffizienten, werden in der Regel nach der Methode der kleinsten Abweichungsquadrate bestimmt. Für die allgemeine Regressionsgleichung mit $(p + 1)$ Parametern ergeben sich die folgenden Normalgleichungen:

$$na_0 + a_1 \sum_{i=1}^{n} x_{i1} + a_2 \sum_{i=1}^{n} x_{i2} + \ldots + a_p \sum_{i=1}^{n} x_{ip} = \sum_{i=1}^{n} y_i$$

$$a_0 \sum_{i=1}^{n} x_{i1} + a_1 \sum_{i=1}^{n} x_{i1}^2 + a_2 \sum_{i=1}^{n} x_{i1} x_{i2} + \ldots + a_p \sum_{i=1}^{n} x_{i1} x_{ip} = \sum_{i=1}^{n} x_{i1} y_i$$

$$a_0 \sum_{i=1}^{n} x_{i2} + a_1 \sum_{i=1}^{n} x_{i1} x_{i2} + a_2 \sum_{i=1}^{n} x_{i2}^2 + \ldots + a_p \sum_{i=1}^{n} x_{i2} x_{ip} = \sum_{i=1}^{n} x_{i2} y_i$$

$$\cdots\cdots\cdots\cdots\cdots\cdots\cdots\cdots$$

$$a_0 \sum_{i=1}^{n} x_{ip} + a_1 \sum_{i=1}^{n} x_{i1} x_{ip} + a_2 \sum_{i=1}^{n} x_{i2} x_{ip} + \ldots + a_i \sum_{i=1}^{n} x_{ip}^2 = \sum_{i=1}^{n} x_{ip} y_i$$

oder in Matrizenform:

$$S \cdot A = Y$$

wo

$$S = \left| \begin{matrix} n & \sum_{i=1}^{n} x_{i1} & \sum_{i=1}^{n} x_{i2} & \ldots \sum_{i=1}^{n} x_{ip} \\ \sum_{i=1}^{n} x_{i1} & \sum_{i=1}^{n} x_{i1}^2 & \sum_{i=1}^{n} x_{i1} x_{i2} & \ldots \sum_{i=1}^{n} x_{i1} x_{ip} \\ \sum_{i=1}^{n} x_{i2} & \sum_{i=1}^{n} x_{i1} x_{i2} & \sum_{i=1}^{n} x_{i2}^2 & \ldots \sum_{i=1}^{n} x_{i2} x_{ip} \\ & \cdots\cdots\cdots & & \\ \sum_{i=1}^{n} x_{ip} & \sum_{i=1}^{n} x_{i1} x_{ip} & \sum_{i=1}^{n} x_{i2} x_{ip} & \ldots \sum_{i=1}^{n} x_{ip}^2 \end{matrix} \right|$$

$$A = \begin{vmatrix} a_0 \\ a_1 \\ a_2 \\ \cdot \\ \cdot \\ \cdot \\ a_p \end{vmatrix} \qquad Y = \begin{vmatrix} \sum\limits_{i=1}^{n} y_i \\ \sum\limits_{i=1}^{n} x_{i1}\, y_i \\ \sum\limits_{i=1}^{n} x_{i2}\, y_i \\ \cdot \\ \cdot \\ \cdot \\ \sum\limits_{i=1}^{n} x_{ip}\, y_i \end{vmatrix}$$

Für nur eine unabhängige Variable x_{i1} ergeben sich aus den Normalgleichungen die folgenden Parameterwerte:

$$a_0 = \frac{\sum\limits_{i=1}^{n} y_i - a_1 \sum\limits_{i=1}^{n} x_{i1}}{n} = \bar{y} - a_1 \bar{x}_1$$

$$a_1 = \frac{n\,(\sum\limits_{i=1}^{n} x_{i1}\, y_i) - (\sum\limits_{i=1}^{n} x_{i1})(\sum\limits_{i=1}^{n} y_i)}{n \sum\limits_{i=1}^{n} x_{i1}^2 - (\sum\limits_{i=1}^{n} x_{i1})^2}$$

$$= \frac{\sum\limits_{i=1}^{n} (y_i - \bar{y})(x_{i1} - \bar{x}_1)}{\sum\limits_{i=1}^{n} (x_{i1} - \bar{x}_1)^2}$$

wo $\bar{y}$ und $\bar{x}_1$ die arithmetischen Mittel der abhängigen und unabhängigen Variablen bezeichnen.

Die Repräsentativität dieser Parameter wird durch die Streuung ausgedrückt. Bei nur einer unabhängigen Variabien ergeben sich für die Regressionskoeffizienten a_0 und a_1 die folgenden Streuungen:

$$\text{für } a_0: \; \sigma^2(a_0) = \sigma_{Tr}^2 \left[\frac{1}{n} + \frac{\bar{x}_1^2}{\sum\limits_{i=1}^{n} (x_{i1} - \bar{x}_1)^2} \right]$$

$$\text{für } a_1: \; \sigma^2(a_1) = \frac{\sigma_{Tr}^2}{\sum\limits_{i=1}^{n} (x_{i1} - x_1)^2}$$

wo

$$\sigma_{Tr}^2 = \frac{\sum_{i=1}^{n} (y_i - a_0 - a_1 x_{i1})^2}{n-2}$$

die Streuung um den Trend ausdrückt. Werden mehr unabhängige Variablen berücksichtigt, so berechnen sich die Streuungen der Regressionskoeffizienten a_i ($i \geqslant 2$) aus der folgenden Beziehung:

$$\sigma_{a_i}^2 = \sigma_{Tr}'^2 C_{ii} \qquad (i = 0, 1, 2, \ldots, p)$$

wo

$$\sigma_{Tr}'^2 = \frac{\sum_{i=1}^{n} (y_i - a_0 - a_1 x_{i1} - a_2 x_{i2} - \ldots - a_p x_{ip})^2}{n-p-1}$$

und C_{ii} die Werte auf der Diagonalen (Spalte i und Zeile i) der Umkehrmatrix der Koeffizienten-Matrix S, d.h. $C = S^{-1}$, sind

$$C = \begin{vmatrix} C_{00} & C_{01} & C_{03} & \cdots & C_{0p} \\ C_{10} & C11 & C12 & \cdots & C_{1p} \\ \cdots & \cdots & \cdots & \cdots & \cdots \\ C_{p0} & C_{p1} & C_{p2} & \cdots & C_{pp} \end{vmatrix} .$$

Die Verbundenheit zwischen den empirischen abhängigen Variablen und den auf Grund der Regressionsgleichung geschätzten abhängigen Variablen wird durch den Korrelationskoeffizienten ausgedrückt:

$$r = \frac{\sum_{i=1}^{n} (y_i - \bar{y})(\hat{y}_i - \bar{\hat{y}})}{[\sum_{i=1}^{n} (y_i - \bar{y})^2 \sum_{i=1}^{n} (\hat{y}_i - \bar{\hat{y}})^2]^{1/2}} .$$

Hier bezeichnen $\bar{y}$ das arithmetische Mittel aus allen empirischen Merkmalswerten y_i und $\bar{\hat{y}}$ das arithmetische Mittel aus allen auf Grund der Regressionsgleichung geschätzten Merkmalswerten $\hat{y}_i$.

Die Bedeutsamkeit dieses Korrelationskoeffizienten wird in bekannter Weise mit dem t-Test von Student gemessen. Es gilt bekanntlich die Beziehung

$$t_e = |r| \sqrt{\frac{n-2}{1-r^2}}$$

wobei t_e (empirischer t-Wert) insgesamt $(n-2)$ Freiheitsgrade aufweist. Mit diesem Test wird gemessen, ob der errechnete Korrelationskoeffizient in bedeutsamer Weise vom Werte Null bei gegebener Bedeutungsschwelle abweicht.

Oft wird aber auch statt des Wertes r der Wert r^2 angegeben. Berücksichtigt man beispielsweise nur eine unabhängige Variable x_1, so gibt diese Maßzahl den Anteil der Gesamtstreuung bezüglich der empirischen abhängigen Variablen an, die durch diese unabhängige Variable erklärt ist. Ist r^2 nahe bei Eins, so bedeutet dies, daß auf x_1 ein großer Anteil dieser Gesamtstreuung entfällt und umgekehrt, wenn r^2 nahe bei Null ist (Bestimmtheitsmaß).

Der t-Test kann aber auch herangezogen werden, wenn die einzelnen Regressionskoeffizienten bestimmten theoretischen (oder angenommenen) Regressionskoeffizienten gegenübergestellt werden sollen. Die Testformel lautet dann:

$$t = \frac{a_j - \alpha_j}{\sigma_{a_j}}$$

mit α_j = theoretischer (angenommener) Regressionskoeffizient. Oft wird $\alpha_j = 0$ angenommen. In diesem Falle wird geprüft, ob der errechnete Regressionskoeffizient in bedeutsamer Weise vom Werte Null abweicht. Die Anzahl Freiheitsgrade sind hier $(n - 2)$. Dieses Resultat kann auch dazu verwendet werden, um die Vertrauensgrenzen der Regressionskoeffizienten zu bestimmen. Diese sind durch die folgende Beziehung gegeben:

$$a_j \pm t\left[(n-2), \frac{\alpha}{2}\right]\sigma_{a_j}$$

wo $\alpha/2$ die Hälfte der Bedeutungsschwelle angibt. Zu diesem Zwecke wird aus t-Tafeln der Wert $t\,[(n-2), \alpha/2]$ herausgelesen.

Die angegebenen Formeln sollen an einem einfachen Beispiel der Regressions-Analyse dargestellt werden. Es soll die Regression zwischen dem Reinzugang an Wohnungen in der Schweiz in den Jahren 1968 bis 1978 (y_i) als abhängige Variable und der neuerteilten Niederlassungsbewilligungen in der Schweiz im gleichen Zeitraum (x_{i1}), sowie den Einbürgerungen von Ausländern in der Schweiz während des angegebenen Zeitraumes (x_{i2}) als unabhängige Variable bestimmt werden. In der folgenden Tabelle finden sich die Werte dieser Variablen in den Spalten 1 bis 3. Um zu große und zu kleine Werte (bei der Matrixinversion) zu vermeiden, wurden die Werte in 1000 angegeben und gerundet (Statistisches Jahrbuch der Schweiz 1979, S. 173, 86, 73).

Jahre	Reinzugang an Wohnungen y_1 (1000)	Neuerteilte Niederlassungs-bewilligungen x_{i1} (1000)	Einbürgerungen von Ausländern x_{i2} (1000)	y_{th_i} (1000)
0	1	2	3	4
1968	36,8	31,5	5,0	36,8
1969	38,6	32,7	5,6	35,7
1970	42,7	56,8	7,1	43,8
1971	47,3	77,0	7,6	52,7
1972	51,9	83,6	7,9	55,2
1973	59,5	77,7	8,3	51,0
1974	55,9	80,0	9,4	49,0
1975	41,3	56,3	10,5	33,6
1976	23,2	50,4	13,0	23,3
1977	20,5	53,9	14,7	20,2
1978	21,7	60,9	9,8	38,0
Zusammen	439,4	660,8	98,9	–

Regressions-Analyse. Beispiel

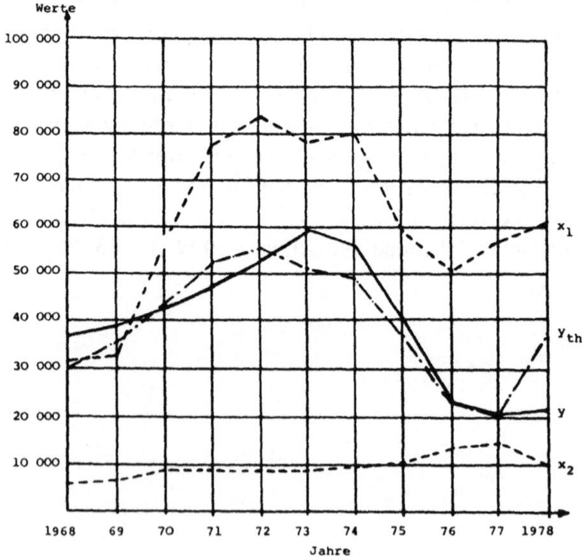

y: Reinzugang an Wohnungen

x_1: Neuerteilte Niederlassungsbewilligungen

x_2: Einbürgerungen von Ausländern

y_{th}: Theoretische y-Werte

Nach der Methode der kleinsten Abweichungsquadrate ergeben sich die folgenden Normalgleichungen:

$$\begin{array}{llllll} \text{I.} & 11a_0 & +660{,}8a_1 & +98{,}9a_2 & = & 439{,}4 \\ \text{II.} & 660{,}8a_0 & +42966{,}9a_1 & +6021{,}95a_2 & = & 27843{,}82 \\ \text{III.} & 98{,}9a_0 & +6021{,}95a_1 & +975{,}57a_2 & = & 3741{,}39 \end{array}$$

oder in Matrizenform:

$$SA = Y$$

$$S = \begin{vmatrix} 11 & 660{,}8 & 98{,}9 \\ 660{,}8 & 42966{,}9 & 6021{,}95 \\ 98{,}9 & 6021{,}95 & 975{,}57 \end{vmatrix}$$

$$A = \begin{vmatrix} a_0 \\ a_1 \\ a_2 \end{vmatrix} \qquad Y = \begin{vmatrix} 439{,}4 \\ 27843{,}82 \\ 3741{,}39 \end{vmatrix}$$

Löst man das Normalgleichungssystem nach den Parametern a_0, a_1 und a_2 auf, so ergeben sich die Werte:

$$a_0 = 35{,}15$$
$$a_1 = 0{,}51$$
$$a_2 = -2{,}90.$$

Die Regressionsgleichung lautet folglich:

$$y_{th_i} = 35{,}15 + 0{,}51\,x_{i1} - 2{,}90\,x_{i2}\ .$$

Daraus lassen sich für bestimmte Werte der unabhängigen Variablen x_{i1} und x_{i2} entsprechende theoretische Werte der unabhängigen Variablen y_i berechnen. Diese theoretischen Werte des Reinzugangs an Wohnungen sind in der Spalte 4 der angeführten Tabelle zusammengestellt.

Für die Regressionskoeffizienten a_0, a_1 und a_2 sind noch die Streuungen bzw. die Standardabweichungen zu bestimmen. Zu diesem Zwecke ist die Inversion der Matrix S, d.h. S^{-1}, zu bestimmen. Die Umkehrmatrix lautet:

$$S^{-1} = C = \begin{vmatrix} 1{,}862250 & -0{,}016169 & -0{,}088980 \\ -0{,}016169 & 0{,}000313 & -0{,}000293 \\ -0{,}088980 & -0{,}000293 & 0{,}011852 \end{vmatrix}$$

Nach der Beziehung $\sigma^2(a_i) = \sigma^2_{Tr}\, c_{ii}$ können nun die Streuungen der Regressionskoeffizienten bestimmt werden, wenn die Streuung der abhängigen Variablen um den Trend $\sigma^2_{Tr} = 61{,}83$ ist. Es ergeben sich die folgenden Streuungen:

$$\sigma^2(a_0) = \sigma^2_{Tr}\, c_{00} = 115{,}14292;$$
$$\sigma\ (a_0) = 10{,}73$$
$$\sigma^2(a_1) = \sigma^2_{Tr} \cdot c_{11} = 0{,}019353;$$
$$\sigma\ (a_1) = 0{,}14$$
$$\sigma^2(a_2) = \sigma^2_{Tr}\, c_{22} = 0{,}732809;$$
$$\sigma\ (a_2) = 0{,}86$$

Der Reinzugang an Wohnungen kann durch die neuerteilten Niederlassungsbewilligungen und durch die Einbürgerungen von Ausländern auf Grund der Regressionsgleichung

$$y_{th_i} = \underset{(\pm\, 10{,}73)}{35{,}15} + \underset{(\pm\, 0{,}14)}{0{,}51}\, x_{i1} - \underset{(\pm\, 0{,}86)}{2{,}90}\, x_{i2}$$

beschrieben werden. Die Standardabweichungen der Regressionskoeffizienten sind in Klammern darunter aufgeführt.

Während zwischen den beiden Variablen x_1 und x_2 (Neuerteilte Niederlassungsbewilligungen und Einbürgerungen von Ausländern) nur eine schwache positive Korrelation von $r(x_1, x_2) = 0{,}1519$ besteht, hängen die Variablen y und x_1 (Reinzugang an Wohnungen und neuerteilte Niederlassungsbewilligungen) wie auch y und x_2 (Reinzugang an Wohnungen und Einbürgerungen von Ausländern) ziemlich stark zusammen; die entsprechenden Korrelationskoeffizienten sind $r(y, x_1) = 0{,}5891$ und $r(y, x_2) = -0{,}5239$. Im ersten Falle ist ein gleichgerichteter Zusammenhang, im zweiten Falle aber ein gegengerichteter Zusammenhang festzustellen.

Bei Regressionsuntersuchungen unterstellt man in der Regel Linearität der Beziehungen. Trifft dies nicht zu, so wird man versuchen, durch eine geeignete Transformation Linearität herbeizuführen (z.B. durch Einführung der logarithmischen Funktion).

Auch wird vorausgesetzt, daß die einzelnen unabhängigen Variablen untereinander unabhängig sind. Trifft dies nicht zu, so spricht man von Multikollinearität. Oft ist es schwierig festzustellen, ob Multikollinearität besteht. In manchen Fällen können die Werte der Korrelationskoeffizienten zwischen den unabhängigen und der abhängigen Variablen Hinweise liefern, ob Multikollinearität besteht.

Weiter sollen Restschwankungen, d.h. die Abweichungen zwischen den empirischen Merkmalswerten und den entsprechenden Regressionsschätzungen, untereinander und bezüglich der abhängigen Variablen unabhängig sein. Dies kann mit Hilfe der Autokorrelation untersucht werden. Neben den schon angeführten Untersuchungsmethoden wird hier oft der Durbin-Watson-Test eingesetzt.

Endlich sollte die Streuung der Restschwankungen über alle Merkmalswerte (Zeitreihe) konstant sein. Trifft dies nicht zu, spricht man von Heteroskedastizität. Diese Verzerrung liegt beispielsweise dann vor, wenn in einer Reihe von Beobachtungen eines Merkmals die Restschwankungen zunehmen, weil die Genauigkeit der Beobachtungen nachläßt.

Eine Regressionsanalyse erschöpft sich nicht in der Berechnung der Regressionskoeffizienten. Es ist vor allem zu prüfen, ob das Regressionsmodell aussagekräftig ist (z.B. mit Hilfe des Bestimmtheitsmaßes). Hernach sind die einzelnen Regressionskoeffizienten durch geeignete Testverfahren auf ihre Signifikanz hin zu untersuchen. Auch darf nicht vergessen werden, daß das Regressionsmodell sich sachlogisch begründen läßt. Endlich ist zu untersuchen, ob Verzerrungen durch Nichtlinearität, Multikollinearität und Heteroskedastizität zu vermuten sind.

5.2 Kreuz-Spektralanalyse

Die im Abschnitt 4.2 dargelegte (univariate) Spektralanalyse bezieht sich auf nur eine Zeitreihe. Diese Untersuchungsmethode kann aber auch auf mehrere Zeitreihen ausgewertet werden. Für den Fall von zwei Zeitreihen wird dieses Verfahren Kreuz-Spektralanalyse oder bivariate Spektralanalyse genannt. Die univariate Spektralanalyse steht bekanntlich in enger Beziehung zur Kovarianz-Analyse. Das gleiche gilt auch für die Kreuz-Spektralanalyse. In diesem Abschnitt soll nur kurz auf die Grundlagen der Kreuz-Spektralanalyse eingegangen werden.

Gegeben sind zwei Zeitreihen $y_1(t)$ und $y_2(t)$. Im univariaten Fall wurde die Autokovarianz folgendermaßen definiert:

$$\operatorname{cov}[y_1(t), y_1(t+\tau)] = E\{[y_1(t) - \bar{y}_1][y_1(t+\tau) - \bar{y}_1]\} = \gamma_{11}(\tau).$$

In entsprechender Weise läßt sich auch die Autokovarianz für die zweite Zeitreihe bestimmen:

$$\operatorname{cov}[y_2(t), y_2(t+\tau)] = E\{[y_2(t) - \bar{y}_2][y_2(t+\tau) - \bar{y}_2]\} = \gamma_{22}(\tau).$$

Im bivariaten Fall können nun auch die Kovarianzen kreuzweise für die beiden Zeitreihen ermittelt werden, nämlich:

$$\operatorname{cov}[y_1(t), y_2(t+\tau)] = E\{[y_1(t) - \bar{y}_1][y_2(t+\tau) - \bar{y}_2]\} = \gamma_{12}(\tau)$$

$$\operatorname{cov}[y_2(t), y_1(t+\tau)] = E\{[y_2(t) - \bar{y}_2][y_1(t+\tau) - \bar{y}_1]\} = \gamma_{21}(\tau).$$

Selbstverständlich wird hier angenommen, die Zeitreihen seien stationär. Die beiden zuletzt angeführten Kovarianzfunktionen nennt man Kreuz-Kovarianzfunktionen. Für $\tau \neq 0$ sind die beiden Kreuz-Kovarianzfunktionen nicht symmetrisch, d.h. es besteht in diesem Falle die Ungleichheit:

$$\gamma_{12}(\tau) \neq \gamma_{21}(\tau); \quad \tau \neq 0.$$

Demgegenüber gilt aber:

$$\gamma_{12}(\tau) = \gamma_{21}(-\tau)$$

und

$$\gamma_{12}(-\tau) = \gamma_{21}(\tau).$$

Aus diesen Beziehungen ergibt sich die Kovarianzfunktionsmatrix $K(\tau)$:

$$K(\tau) = \begin{vmatrix} \gamma_{11}(\tau) & \gamma_{12}(\tau) \\ \gamma_{21}(\tau) & \gamma_{22}(\tau) \end{vmatrix} = \begin{vmatrix} \gamma_{11}(-\tau) & \gamma_{21}(-\tau) \\ \gamma_{12}(-\tau) & \gamma_{22}(-\tau) \end{vmatrix}$$

$$= K'(-\tau)$$

$K'(\cdot)$ ist die Transponierte zu $K(.)$.

Zwischen der Autokovarianz- und der Autokorrelationsfunktion besteht bekanntlich der folgende Zusammenhang:

$$\rho_{11}(\tau) = \frac{\gamma_{11}(\tau)}{\sigma_{11}^2} \qquad \tau = 0, 1, 2, \ldots, T-1.$$

Dabei wird angenommen, daß die Zeitreihe aus T Merkmalswerten oder Variablen besteht. Daraus folgt unmittelbar:

$$\gamma_{11}(\tau) = \sigma_{11}^2 \cdot \rho_{11}(\tau) \qquad (\tau = 0, 1, 2, \ldots, T-1).$$

Die Kovarianzfunktionen der Zufallsvariablen $y_1(t)$ können folglich durch die folgende Matrix dargestellt werden:

$$K_{11} = \sigma_{11}^2 \begin{vmatrix} 1 & \rho_{11}(1) & \rho_{11}(2) & \ldots & \rho_{11}(T-1) \\ \rho_{11}(1) & 1 & \rho_{11}(1) & \ldots & \rho_{11}(T-2) \\ \cdots & \cdots & \cdots & \cdots & \cdots \\ \rho_{11}(T-1) & \rho_{11}(T-2) & \rho_{11}(T-3) & \ldots & 1 \end{vmatrix}.$$

Auf der Hauptdiagonalen finden sich die Werte 1 und die zur Hauptdiagonalen parallelen Diagonalen weisen gleiche Werte auf (Toeplitz-Matrix).

Für die Kreuz-Kovarianzfunktionen $\gamma_{12}(\tau)$ gilt die Beziehung:

$$\operatorname{cov}[y_1(t), y_2(t+\tau)] = \gamma_{12}(\tau) = \sigma_{11} \cdot \sigma_{22} \cdot \rho_{12}(\tau) \qquad (\tau = 0, 1, 2, \ldots, T-1)$$

wo σ_{11} und σ_{22} die Standardabweichungen der beiden Variablen $y_1(t)$ und $y_2(t)$, sowie $\rho_{12}(\tau)$ die Kreuz-Korrelationsfunktion darstellen. Daraus ergeben sich die folgenden Matrizen.

$$K_{12} = \sigma_{11} \cdot \sigma_{22} \begin{vmatrix} \rho_{12}(0) & \rho_{12}(1) & \rho_{12}(2) & \ldots & \rho_{12}(T-1) \\ \rho_{12}(-1) & \rho_{12}(0) & \rho_{12}(1) & \ldots & \rho_{12}(T-2) \\ \cdots & \cdots & \cdots & \cdots & \cdots \\ \rho_{12}(-T+1) & \rho_{12}(-T+2) & p_{12}(-T+3) & \ldots & \rho_{12}(0) \end{vmatrix}$$

$$K_{21} = \sigma_{11}\, \sigma_{22} \begin{vmatrix} \rho_{21}(0) & \rho_{21}(1) & \rho_{21}(2) & \ldots & \rho_{21}(T-1) \\ \rho_{21}(-1) & \rho_{21}(0) & \rho_{21}(1) & \ldots & \rho_{21}(T-2) \\ \cdots & \cdots & \cdots & \cdots & \cdots \\ \rho_{21}(-T+1) & \rho_{21}(-T+2) & \rho_{21}(-T+3) & \ldots & \rho_{21}(0) \end{vmatrix}.$$

Zusammenfassend läßt sich daraus die übergeordnete Matrix K bilden:

$$K = \begin{vmatrix} K_{11} & K_{12} \\ K_{21} & K_{22} \end{vmatrix}.$$

Diese enthält alle Informationen über Varianzen, Kovarianzen, Autokovarianzen und Kreuz-Kovarianzen.

Die Kreuz-Spektralanalyse dient der Untersuchung des Zusammenhangs zweier Zeitreihen im Frequenzbereich. Die entsprechende Untersuchungsmethode im Zeitbereich ist die Kreuz-Kovarianzanalyse bzw. die Kreuz-Korrelationsanalyse. Ähnlich dem univariaten Fall wird die Kreuz-Spektralfunktion im bivariaten Fall durch die folgende Beziehung definiert:

$$f_{y_1 y_2}(\lambda) = [\sum_{k=-\infty}^{\infty} \gamma_{12}(k)\, e^{i\lambda k}]$$

wo λ im Bereich zwischen 0 und π liegt $(0 < \lambda < \pi)$. Da $\gamma_{12}(\tau)$ eine ungerade Funktion ist, d.h. da $\gamma_{12}(\tau) = \gamma_{12}(-\tau)$, ist die Kreuz-Spektralfunktion eine komplexe Funktion, da sich in diesem Falle der imaginäre Teil der komplexen Funktion nicht aufhebt. Sie besteht aus einem reellen und einem imaginären Teil. Der reelle Teil wird Ko-Spektrum genannt, der imaginäre Teil wird auch als Quadrat-Spektrum oder Quadratur-Spektrum bezeichnet.

Weiter ist bekanntlich (nach der Eulerschen Formel für komplexe Zahlen)

$$e^{i\lambda k} = \cos(\lambda k) + i \sin(\lambda k).$$

Setzt man diesen Ausdruck in die Formel für die Kreuz-Spektralfunktion ein, so ergibt sich:

$$f_{y_1 y_2}(\lambda) = \{\sum_{k=-\infty}^{\infty} \gamma_{1,2}(k)\, [\cos(\lambda k) + i \sin(\lambda k)]\} = c(\lambda) + i\, q(\lambda)$$

wo

$$c(\lambda) = [\sum_{k=-\infty}^{\infty} \gamma_{1,2}(k) \cos(\lambda k)]$$

$$q(\lambda) = [\sum_{k=-\infty}^{\infty} \gamma_{1,2}(k) \sin(\lambda k)].$$

Die Funktion $c(\lambda)$ ist das Ko-Spektrum, und die Funktion $q(\lambda)$ das Quadratur-Spektrum.

Die Kreuz-Spektralfunktion läßt sich aber auch folgendermaßen schreiben:

$$f_{y_1 y_2}(\lambda) = \alpha_{y_1 y_2}(\lambda)\, e^{i\phi_{y_1 y_2}(\lambda)}.$$

Hier sind:

$$\alpha^2_{y_1 y_2}(\lambda) = [c^2(\lambda) + q^2(\lambda)]$$

das Kreuz-Amplituden-Spektrum und

$$\phi_{y_1 y_2}(\lambda) = \text{arc tan} \left[-\frac{q(\lambda)}{c(\lambda)}\right]$$

das Phasen-Spektrum. Als Kohärenz bezeichnet man den folgenden, aus den angeführten Beziehungen ableitbaren Ausdruck:

$$C(\lambda) = \frac{[c^2(\lambda) + q^2(\lambda)]}{f_{y_1}(\lambda) \cdot f_{y_2}(\lambda)}$$

wo $f_{y_1}(\lambda)$ und $f_{y_2}(\lambda)$ die Spektraldichten für die einzelnen Zeitreihen bezeichnen.

Endlich wird noch das „Gain"-Spektrum unterschieden, das durch den folgenden Ausdruck dargestellt wird:

$$G_{y_1y_2}(\lambda) = \frac{\alpha^2_{y_1y_2}(\lambda)}{f^2_{y_2}(\lambda)}.$$

Dieser Ausdruck entspricht dem Regressionskoeffizienten der Zeitreihe y_2 bezogen auf die Zeitreihe y_1 bei der Frequenz λ. Die Kohärenz mißt die lineare Korrelation zwischen den beiden Zeitreihen bei der Frequenz λ; sie entspricht dem Quadrat des Korrelationskoeffizienten beim unvariaten Fall.

Bei der Kreuz-Spektralanalyse sind in der Regel 3 Funktionen in Abhängigkeit der Frequenz aufzutragen, da die Kreuz-Spektralfunktion als komplexe Funktion schwierig zu interpretieren ist. So sollten das Ko-Spektrum, das Quadratur-Spektrum und die Kohärenz, oder die Kohärenz, das Phasen- und das Kreuz-Amplituden-Spektrum, oder aber die Kohärenz, das Phasen- und das Gain-Spektrum dargestellt werden.

Für die praktische Bestimmung der Kreuz-Spektren verfügt man nur über endlich lange Zeitreihen $(-M \leqslant t \leqslant M)$. Berücksichtigt man diese Einschränkung, so ergeben sich die folgenden Näherungsformeln für die einzelnen Kreuz-Spektraldichten:

$$c'(\lambda) = \frac{1}{\pi}[\sum_{k=-M}^{M} \omega(k)\, c_{1,2}(k) \cos(\lambda k)] =$$

$$= \frac{1}{\pi}\{\omega_0 \cdot c_{1,2}(0) + \sum_{k=1}^{M} \omega(k)\,[c_{1,2}(k) + c_{1,2}(-k)] \cos(\lambda k)\}$$

$$q'(\lambda) = \frac{1}{\pi}[\sum_{k=-M}^{M} \omega(k)\, c_{1,2}(k) \sin(\lambda k)] =$$

$$= \frac{1}{\pi}\{\sum_{k=1}^{M} \omega(k)\,[c_{1,2}(k) - c_{1,2}(-k)] \sin(\lambda k)\}.$$

Hier bezeichnet $\omega(k)$ das Lag-Fenster.

Bei den angegebenen Beziehungen wurde der Bereich von λ zwischen 0 und π abgesteckt. Nimmt man aber das Intervall $(-\pi \leqslant \lambda \leqslant \pi)$ an, so muß die Beziehung für die Kreuz-Spektraldichte noch halbiert werden. Dieses Intervall bietet gewisse mathematische Vorteile (einfache inverse Beziehung, einfache Behandlung komplexer Prozesse). Demgegenüber ist hier der Nachteil anzuführen, daß bei diesem Intervall negative Frequenzen möglich sind. Während das Spektrum im univariaten Fall als eine Art der Varianzanalyse betrachtet werden kann, könnte dem Kreuz-Spektrum die Kovarianzanalyse gegenübergestellt werden.

Die Kreuz-Spektralanalyse für den bivariaten Fall (2 Zeitreihen) kann auf den multivariaten Fall (mehr als 2 Zeitreihen) ausgeweitet werden. Da jedoch die Kreuz-Spektralanalyse schon schwierige Interpretationsprobleme aufwirft, weshalb hier auf ein Zahlenbeispiel verzichtet wurde, soll hier die Spektralanalyse für den multivariaten Fall nur erwähnt werden.

Anhang

Berechnung der Spektraldichte nach Parzen mit Hilfe der Tafeln:

$$f(\lambda_0) = \frac{1}{2\pi} C(0) + \frac{1}{\pi} \sum_{k=1}^{q} C(k)\, \lambda_0(k)$$

$$f(\lambda_1) = \frac{1}{2\pi} C(0) + \frac{1}{\pi} \sum_{k=1}^{q} C(k)\, \lambda_1(k)$$

$$\vdots \qquad \vdots \qquad \vdots$$

$$f(\lambda_q) = \frac{1}{2\pi} C(0) + \frac{1}{\pi} \sum_{k=1}^{q} C(k)\, \lambda_q(k).$$

Die Werte $C(k)$ sind die Autokovarianzen der Zeitreihe mit Verschiebung k.

Die Werte $\lambda(k)$ sind aus den Tafeln herauszulesen.

Der Anhang beinhaltet 5 Tafeln für Zeitreihen mit $N = 50$ bis $N = 100$ Zeitreihenwerten.

$q = 10$ $50 < N < 60$

k \ λ	$\lambda_0(k)$	$\lambda_1(k)$	$\lambda_2(k)$	$\lambda_3(k)$	$\lambda_4(k)$	$\lambda_5(k)$	$\lambda_6(k)$	$\lambda_7(k)$	$\lambda_8(k)$	$\lambda_9(k)$	$\lambda_{10}(k)$
1	0,946	0,89970	0,76533	0,55605	0,29233	0	–0,29233	–0,55605	–0,76533	–0,89970	–0,946
2	0,808	0,65369	0,24969	–0,24969	–0,65369	–0,808	–0,65369	–0,24969	0,24969	0,65369	0,808
3	0,622	0,36561	–0,19221	–0,59156	–0,50321	0	0,50321	0,59156	0,19221	–0,36561	–0,622
4	0,423	0,13072	–0,34222	–0,34222	0,13072	0,622	0,13902	–0,34222	–0,34222	0,13072	0,423
5	0,250	0	–0,25	0	0,25	0	–0,25	0	0,25	0	–0,250
6	0,128	–0,03955	–0,10355	0,10355	0,03955	–0,128	0,03955	0,10355	–0,10355	–0,03955	0,128
7	0,054	–0,03174	–0,01669	0,05136	–0,04369	0	0,04369	–0,05136	0,01669	0,03174	–0,054
8	0,016	–0,01294	0,00494	0,00494	–0,01294	0,016	–0,01294	0,00494	0,00494	–0,01294	0,016
9	0,002	–0,00190	0,00162	–0,00118	0,00062	0	–0,00062	0,00118	–0,00162	0,00190	–0,002
10	0	0	0	0	0	0	0	0	0	0	0

$q = 12$ $60 < N < 70$

k \ λ	$\lambda_0(k)$	$\lambda_1(k)$	$\lambda_2(k)$	$\lambda_3(k)$	$\lambda_4(k)$	$\lambda_5(k)$	$\lambda_6(k)$	$\lambda_7(k)$	$\lambda_8(k)$	$\lambda_9(k)$	$\lambda_{10}(k)$	$\lambda_{11}(k)$	$\lambda_{12}(k)$
1	0,96181	0,92904	0,83296	0,68011	0,48090	0,24894	0	–0,24894	–0,48090	–0,68011	–0,83296	–0,92904	–0,96181
2	0,86111	0,74575	0,43056	0	–0,43056	–0,74575	–0,86111	–0,74575	–0,43056	0	0,43056	0,74575	0,86111
3	0,71875	0,50824	0	–0,50824	–0,71875	–0,50824	0	0,50824	0,71875	0,50824	0	–0,50824	–0,71875
4	0,55556	0,27778	–0,27778	–0,55556	–0,27778	0,27778	0,55556	0,27778	–0,27778	–0,55556	–0,27778	0,27778	0,55556
5	0,39236	0,10155	–0,33980	–0,27744	0,19618	0,37899	0	–0,37899	–0,19618	0,27744	0,33980	–0,10155	–0,39236
6	0,25	0	–0,25	0	0,25	0	–0,25	0	0,25	0	–0,25	0	0,25
7	0,14468	–0,03745	–0,12530	0,10230	0,07234	–0,13975	0	0,13975	–0,07234	–0,10230	0,12530	0,03745	–0,14468
8	0,07407	–0,03704	–0,03704	0,07407	–0,03704	–0,03704	0,07407	0,03704	–0,03704	0,07407	–0,03704	–0,03704	0,07407
9	0,03125	–0,02210	0	0,02210	–0,03125	0,03210	0	–0,03210	0,03125	–0,02210	0	0,03210	–0,03125
10	0,00926	–0,00802	0,00463	0	–0,00463	0,00802	–0,00926	0,00802	–0,00463	0	0,00463	–0,00802	0,00926
11	0,00231	–0,00223	0,00200	–0,00163	0,00116	–0,00060	0	0,00060	–0,00116	0,00163	–0,00200	0,00223	–0,00231
12	0	0	0	0	0	0	0	0	0	0	0	0	0

$q = 14$ $70 < N < 80$

k \ λ	$\lambda_0(k)$	$\lambda_1(k)$	$\lambda_2(k)$	$\lambda_3(k)$	$\lambda_4(k)$	$\lambda_5(k)$	$\lambda_6(k)$	$\lambda_7(k)$	$\lambda_8(k)$	$\lambda_9(k)$	$\lambda_{10}(k)$	$\lambda_{11}(k)$	$\lambda_{12}(k)$	$\lambda_{13}(k)$	$\lambda_{14}(k)$
1	0,97157	0,94721	0,87536	0,75960	0,60576	0,42154	0,21619	0	−0,21619	−0,42154	−0,60576	−0,75960	−0,87536	−0,94721	−0,97157
2	0,89504	0,80640	0,55805	0,19916	−0,19916	−0,55805	−0,80640	−0,89504	−0,80640	−0,55805	−0,19916	0,19916	0,55805	0,80640	0,89504
3	0,78353	0,61259	0,17435	−0,33996	−0,70594	−0,76389	−0,48852	0	0,48852	0,76389	0,70594	0,33996	−0,17435	−0,61259	−0,78353
4	0,65015	0,40536	−0,14467	−0,58577	−0,58577	−0,14467	0,40536	0,65015	0,40536	−0,14467	−0,58577	−0,58577	−0,14467	0,40536	0,65015
5	0,50802	0,22042	−0,31675	−0,49528	−0,11304	0,39719	0,45771	0	−0,45771	−0,39719	0,11304	0,49528	0,31675	−0,22042	−0,50802
6	0,37026	0,08239	−0,33359	−0,23085	0,23085	0,33359	−0,08239	−0,37026	−0,08239	0,33359	0,23085	−0,23085	−0,33359	0,08239	0,37026
7	0,25	0	−0,25	0	0,25	0	−0,25	0	0,25	0	−0,25	0	0,25	0	−0,25
8	0,15743	−0,03503	−0,14184	0,09816	0,09816	−0,14184	−0,03503	0,15742	−0,03503	−0,14184	0,09816	0,09816	−0,14184	−0,03503	0,15743
9	0,09111	−0,03953	−0,05681	0,08883	−0,02027	−0,07123	0,08209	0	−0,08209	0,07123	0,02027	−0,08883	0,05681	0,03953	−0,09111
10	0,04665	−0,02909	−0,01038	0,04203	−0,04203	0,01038	0,02909	−0,04665	0,02909	0,01038	−0,04203	0,04203	−0,01038	−0,02909	0,04665
11	0,01968	−0,01539	0,00438	0,00854	−0,01773	0,01919	−0,03156	0	0,03156	−0,01919	0,01773	−0,00854	0,00438	0,01539	−0,01968
12	0,00583	−0,00525	0,00363	−0,00130	−0,00130	0,00363	−0,00525	0,00583	−0,00525	0,00363	−0,00130	−0.00130	0,00363	−0,00525	0,00583
13	0,00073	−0,00071	0,00066	−0,00057	0,00046	−0,00032	0,00016	0	−0,00016	0,00032	−0,00046	0,00057	−0,00066	0,00071	−0,00073
14	0	0	0	0	0	0	0	0	0	0	0	0	0	0	0

$q = 16$

k \ λ	$\lambda_0(k)$	$\lambda_1(k)$	$\lambda_2(k)$	$\lambda_3(k)$	$\lambda_4(k)$	$\lambda_5(k)$	$\lambda_6(k)$	$\lambda_7(k)$	$\lambda_8(k)$
1	0,97803	0,95924	0,90358	0,81320	0,69157	0,54336	0,37427	0,19080	0
2	0,91797	0,84809	0,64911	0,35129	0	-0,35129	-0,64911	-0,84809	-0,91797
3	0,82861	0,68896	0,31709	-0,16165	-0,58592	-0,81269	-0,76554	-0,46035	0
4	0,71875	0,50824	0	-0,50824	-0,71875	-0,50824	0	0,50824	0,71875
5	0,59717	0,33177	-0,22853	-0,58570	-0,42226	0,11650	0,55171	0,49653	0
6	0,47266	0,18088	-0,33422	-0,43668	0	0,43668	0,33422	-0,18088	-0,47266
7	0,35400	0,06906	-0,32705	-0,19667	0,25032	0,29434	-0,13547	-0,34720	0
8	0,25	0	-0,25	0	0,25	0	-0,25	0	0,25
9	0,16748	-0,03267	-0,15473	0,09305	0,11843	-0,13925	-0,06409	0,16426	0
10	0,10547	-0,04036	-0,07458	0,09744	0	-0,09744	0,07458	0,04036	-0,10547
11	0,06104	-0,03391	-0,02336	0,05987	-0,04316	-0,01191	0,05639	-0,05075	0
12	0,03125	-0,02210	0	0,02210	-0,03125	0,02210	0	-0,02210	0,03125
13	0,01318	-0,01096	0,00504	0,00257	-0,00932	0,01293	-0,01218	0,00732	0
14	0,00391	-0,00361	0,00276	-0,00150	0	0,00150	-0,00276	0,00361	-0.00391
15	0,00049	-0,00048	0,00045	-0,00041	0,00035	-0,00027	0,00019	-0,00010	0
16	0	0	0	0	0	0	0	0	0

$q = 18$

k \ λ	$\lambda_0(k)$	$\lambda_1(k)$	$\lambda_2(k)$	$\lambda_3(k)$	$\lambda_4(k)$	$\lambda_5(k)$	$\lambda_6(k)$	$\lambda_7(k)$	$\lambda_8(k)$
1	0,98251	0,96759	0,92325	0,85088	0,75264	0,63155	0,49126	0,33604	0,17061
2	0,93416	0,87782	0,71560	0,46708	0,16222	-0,16222	-0,46708	-0,71560	-0,87782
3	0,86111	0,74575	0,43405	0	-0,43056	-0,74575	-0,86111	-0,74575	-0,43056
4	0,76955	0,58951	0,13363	-0,38478	-0,72314	-0,72314	-0,38478	0,13363	0,58951
5	0,66564	0,42787	-0,11559	-0,57646	-0,62550	-0,22766	0,33282	0,65553	0,50991
6	0,55556	0,27778	-0,27778	-0,55556	-0,27778	0,27778	0,55556	0,27778	-0,27778
7	0,44547	0,15236	-0,34125	-0,38579	0,07736	0,43870	0,22274	-0,28652	-0,41860
8	0,34156	0,05931	-0,32096	-0,17078	0,26165	0,26165	-0,17078	-0,32096	0,05931
9	0,25	0	-0,25	0	0,25	0	-0,25	0	0,25
10	0,17558	-0,03049	-0,16499	0,08779	0,13450	-0,13450	-0,08779	0,16499	0,03049
11	0,11763	-0,04023	-0,09011	0,10187	0,02043	-0,11584	0,05882	0,07561	-0,11054
12	0,07407	-0,03704	-0,03704	0,07407	-0,03704	-0,03704	0,07407	-0,03704	-0,03704
13	0,04278	-0,02756	-0,00744	0,03713	-0,04028	0,01466	0,02144	-0,04222	0,03284
14	0,02195	-0,01681	0,00381	0,01098	-0,02063	0,02063	-0,01098	-0,00381	0,01681
15	0,00926	-0,00802	0,00463	0	-0,00463	0,00802	-0,00926	0,00802	-0,00463
16	0,00274	-0,00257	0,00210	-0,00137	0,00048	0,00048	-0,00137	0,00210	-0,00257
17	0,00034	-0,00033	0,00032	-0,00029	0,00026	-0,00022	0,00017	-0,00012	0,00006
18	0	0	0	0	0	0	0	0	0

$80 < N < 90$

$\lambda_9(k)$	$\lambda_{10}(k)$	$\lambda_{11}(k)$	$\lambda_{12}(k)$	$\lambda_{13}(k)$	$\lambda_{14}(k)$	$\lambda_{15}(k)$	$\lambda_{16}(k)$
−0,19080	−0,37427	−0,54336	−0,69157	−0,81320	−0,90358	−0,95924	−0,97803
−0,84809	−0,64911	−0,35129	0	0,35129	0,64911	0,84809	0,91797
0,46035	0,76554	0,81269	0,58592	0,16165	−0,31709	−0,68896	−0,82861
0,50824	0	−0,50824	−0,71875	−0,50824	0	0,50824	0,71875
−0,49653	−0,55171	−0,11650	0,42226	0,58570	0,22853	−0,33177	−0,59717
−0,18088	0,33422	0,43668	0	−0,43668	−0,33422	0,18088	0,47266
0,34720	0,13547	−0,29434	−0,25032	0,19667	0,32705	−0,06906	−0,35400
0	−0,25	0	0,25	0	−0,25	0	0,25
−0,16426	0,06409	0,13925	−0,11843	−0,09305	0,15473	0,03267	−0,16748
0,04036	0,07458	−0,09744	0	0,09744	−0,07458	−0,04036	0,10547
0,05075	−0,05639	0,01191	0,04316	−0,05987	0,02336	0,03391	−0,06104
−0,02210	0	0,02210	−0,03125	0,02210	0	−0,02210	0,03125
−0,00732	0,01218	−0,01293	0,00932	−0,00257	−0,00504	0,01096	−0,01318
0,00361	−0,00276	0,00150	0	−0,00150	0,00276	−0,00361	0,00391
0,00010	−0,00019	0,00027	−0,00035	0,00041	−0,00045	−0,00048	−0,00049
0	0	0	0	0	0	0	0

$90 < N < 100$

$\lambda_9(k)$	$\lambda_{10}(k)$	$\lambda_{11}(k)$	$\lambda_{12}(k)$	$\lambda_{13}(k)$	$\lambda_{14}(k)$	$\lambda_{15}(k)$	$\lambda_{16}(k)$	$\lambda_{17}(k)$	$\lambda_{18}(k)$
0	−0,17061	−0,33604	−0,49126	−0,63155	−0,75264	−0,85088	−0,92325	−0,96759	−0,98251
−0,93416	−0,87782	−0,71560	−0,46708	−0,16222	0,16222	0,46708	0,71560	0,87782	0,93416
0	0,43056	0,74575	0,86111	0,74575	0,43056	0	−0,43405	−0,74575	−0,86111
0,76955	0,58951	0,13363	−0,38478	−0,72314	−0,72314	−0,38478	0,13363	0,58951	0,76955
0	−0,50991	−0,65553	−0,33282	0,22766	0,62550	0,57646	0,11559	−0,42787	−0,66564
−0,55556	−0,27778	0,27778	0,55556	0,27778	−0,27778	−0,55556	−0,27778	0,27778	0,55556
0	0,41860	0,28652	−0,22274	−0,43870	−0,07736	0,38579	0,34125	−0,15236	−0,44547
0,34156	0,05931	−0,32096	−0,17078	0,26165	0,26165	−0,17078	−0,32096	0,05931	0,34156
0	−0,25	0	0,25	0	−0,25	0	0,25	0	−0,25
−0,17558	0,03049	0,16499	−0,08779	−0,13450	0,13450	0,08779	−0,16499	−0,03049	0,17558
0	0,11054	−0,07561	−0,05882	0,11584	−0,02043	−0,10187	0,09011	0,04023	−0,11763
0,07407	−0,03704	−0,03704	0,07407	−0,03704	−0,03704	0,07407	−0,03704	−0,03704	0,07407
0	−0,03284	0,04222	−0,02144	−0,01466	0,04028	−0,03713	0,00744	0,02756	−0,04278
−0,02195	−0,01681	−0,00381	−0,01098	0,02063	−0,02063	0,01098	0,00381	−0,01681	0,02195
0	0,00463	−0,00802	0,00926	−0,00802	0,00463	0	−0,00463	0,00802	−0,00926
0,00254	−0,00257	0,00210	−0,00137	0,00048	0,00048	−0,00137	0,00210	−0,00257	0,00274
0	−0,00006	0,00012	−0,00017	0,00022	−0,00026	0,00029	−0,00032	0,00033	−0,00034
0	0	0	0	0	0	0	0	0	0

Literaturverzeichnis

Birkenfeld, W.: Methoden zur Analyse von kurzen Zeitreihen. ISR-Reihe Bd. 46, Basel 1977.
Beveridge, W.H.: Weather and Harvest Cydes. Economic Journal **31**, 1921, 429–452.
–: Wheat Prices and Rainfall in Western Europe. Journal of the Royal Statistical Society **65**, 1922, 412–459.
Bloomfield, P.: Fourier Analysis of Time Series: An Introduction. New York 1976.
Brillinger, D.R.: Time Series. Data Analysis and Theory. New York 1975.
Chatfield, C.: The Analysis of Time Series: Theory and Practice London 1975.
Chatterjee, S., und *B. Price*: Regression Analysis by Examples. New York 1977.
Cox, D.R., und *H.D. Miller*: The Theory of Stochastic Processes, London 1965.
Fishman, G.S.: Spectral Methods in Econometrics. Cambridge Mass. 1969.
Fuller, W.A.: Introduction to Statistical Time Series. New York 1976.
Granger, C.W.J., und *M. Hatanaka*: Spectral Analysis of Economic Time Series. Princeton N.J. 1964.
Grenander, U., und *M. Rosenblatt*: Statistical Analysis of Stationary Time Series. New York 1957.
Hannan, E.J.: Multiple Time Series. New York 1970.
Jenkins, G.M., und *D.G. Watts*: Spectral Analysis and its Applications. San Francisco 1968.
Kendall, M.G.: Time-Series. London 1973.
König, H., und *J. Wolters*: Einführung in die Spektralanalyse ökonomischer Zeitreihen. Meisenheim am Glan 1972.
Leiner, B. : Spektralanalyse. Einführung in Theorie und Praxis moderner Zeitreihenanalyse. Opladen 1976.
Moore, H.L.: Economic Cycles: Their Law and Course. New York 1914.
Nerlove, M., D.M. Grether und *J.L. Carvalho*: Analysis of Economic Time Series. New York 1979.
Otnes, R.K., und *L. Enochson*: Digital Time Series Analysis. New York 1972
–: Applied Time Series Analysis. New York 1978.
Schäffer, K.A. (Hrsg.): Beiträge zur Zeitreihenanalyse. Göttingen 1976.
Schultz, H.: The Standard of a Forecast from a Curve. Journal of the American Statistical Association **25**, 1970, 139–185.
Tintner, G., J.N.K. Rao und *H. Strecker*: New Results in the Variate Difference Method. Göttingen 1978.
Wetzel, W. (Hrsg.): Neuere Entwicklungen auf dem Gebiete der Zeitreihenanalyse. Göttingen 1970.

Sachwortregister

Mertens, Peter (Hrsg.)

Prognoserechnung

4., überarbeitete und erweiterte Auflage
1980. 364 Seiten. Broschiert DM 89.–
ISBN 3 7908 0239 5

Hierbei handelt es sich um eine weitere, aktualisierte Auflage dieses bekannten Standardwerkes. Die „Prognoserechnung" ist durch die hervorragende Zusammenstellung und durch die ausgezeichnete Qualität der Beiträge eine Veröffentlichung, auf die das Prädikat „unentbehrlich" ohne jegliche Übertreibung zutrifft. Sowohl zur Formulierung, als auch zur Interpretation von Prognosen, sei es in betrieblicher Praxis oder in der Forschung, stellt dieses Buch alle notwendigen Hinweise klar gegliedert zur Verfügung. Neu aufgenommen wurden vor allen Dingen moderne statistische Methoden, computergestützte Rechenverfahren und Simulationsverfahren.

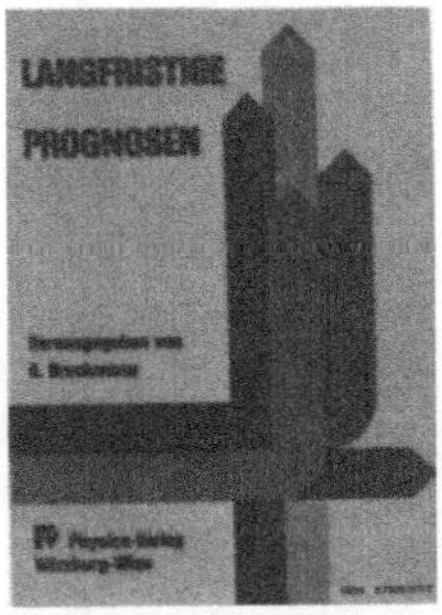

Bruckmann, Gerhart (Hrsg.)

Langfristige Prognosen

Möglichkeiten und Methoden der Langfristprognostik komplexer Systeme
2., durchgesehene Auflage
1978. 458 Seiten. Broschiert DM 98.–
ISBN 3 7908 0199 2

In den letzten Jahren hat sich die Notwendigkeit einer langfristig vorausschauenden Planung erwiesen. Die Tatsache, daß jetzt getroffene Entscheidungen – oft auf anderen Gebieten – weitreichende Folgen haben, zwingt zur Langfristplanung. Dabei sind zunächst oft deshalb schwere Fehler begangen worden, weil die Verflechtungen eines Problems mit anderen nicht erkannt oder zu wenig berücksichtigt wurden. Im Mittelpunkt des Buches steht deshalb die Betrachtung über die verfügbaren Methoden der Langfristprognostik komplexer Systeme.
Dieses Buch wendet sich an die, die einen Überblick über die verfügbaren Methoden und deren Anwendbarkeit benötigen, an Auftraggeber von Prognosen, die Aussagekraft und Tragweite von Prognosen beurteilen müssen, schließlich an alle Konsumenten, die Anhaltspunkte für kritische Wertung von prognostischen Aussagen suchen.

physica-verlag · postfach 5840 · 8700 würzburg

GPSR Compliance

The European Union's (EU) General Product Safety Regulation (GPSR) is a set of rules that requires consumer products to be safe and our obligations to ensure this.

If you have any concerns about our products, you can contact us on ProductSafety@springernature.com

In case Publisher is established outside the EU, the EU authorized representative is:

Springer Nature Customer Service Center GmbH
Europaplatz 3
69115 Heidelberg, Germany

Batch number: 10816188

Printed by Printforce, the Netherlands